谨以此书献给我的儿子！

改变了家庭
　也就改变了世界。

青春期
是父母的必修课

王剑飞 ◎ 著

当代世界出版社
THE CONTEMPORARY WORLD PRESS

图书在版编目（CIP）数据

青春期是父母的必修课 / 王剑飞著．-- 北京 ：当代世界出版社，2021.9
ISBN 978-7-5090-1618-3

Ⅰ．①青… Ⅱ．①王… Ⅲ．①青春期－家庭教育 Ⅳ．① G782

中国版本图书馆 CIP 数据核字（2021）第 126200 号

青春期是父母的必修课

作　　者：	王剑飞
出版发行：	当代世界出版社
地　　址：	北京市复兴路 4 号（100860）
网　　址：	http://www.worldpress.org.cn
编务电话：	（010）83907528
发行电话：	（010）83908410（传真）
	13601274970
	18611107149
	13521909533
经　　销：	全国新华书店
印　　刷：	北京楠萍印刷有限公司
开　　本：	880 毫米 ×1230 毫米　1/32
印　　张：	7.125
字　　数：	130 千字
版　　次：	2021 年 9 月第 1 版
印　　次：	2021 年 9 月第 1 次
书　　号：	ISBN 978-7-5090-1618-3
定　　价：	58.00 元

如发现印装质量问题，请与承印厂联系调换。
版权所有，翻版必究，未经许可，不得转载！

序　言

2020年疫情期间，大家都经历了非常大的挑战和考验，对于很多家庭来说，最大的挑战和考验也许就是家长如何跟孩子相处了。因为疫情，很多孩子在家中学习、生活了几个月的时间，其间孩子的生活起居、家庭琐事、网课作业、阅读批改等，全部需要家长参与或处理。

突如其来的变化让很多家长措手不及，但也恰好给他们提供了一个学习与孩子相处的机会。如何理顺与孩子的关系？如何看待孩子的成长？如何了解孩子在不同年龄段所表现出来的外在行为特征？如何识别孩子外在行为所对应的内在心理变化？这些问题让很多家长心急如焚、焦虑万千。

作为一名心理咨询师，在此期间，我接触了很多家长和家庭的心理咨询个案。而咨询最多的议题包括，孩子为什么不能好好上网课？孩子为什么不能自律？孩子为什么总把自己锁在房间里且不让父母进？孩子为什么黑白颠倒，不按时起床吃饭？孩子为什么热衷于在网上打游戏而不听从父母的管教？孩子为什么跟父母的关系越来越糟糕？父母该如何与青春期的孩子相处？等等。

带着家长的迷茫和困惑、目标与期待，我思考和设计了一个课程，既让家长了解青春期孩子正常的生理和心理变化规律，又让青春期的孩子理解、尊重家长，并且给每一个有青春期孩子的家庭以及从事与青春期孩子有关工作的人以指导和借鉴。这样，"青春期五大发展主题"的网络课程就应运而生了。

该课程分为三部分：其中一部分是理论讲解；另一部分是现场答疑；还有一部分是亲子沟通实战训练。课程播出后，反响强烈。很多家长说，这正是我们需要的好课程。有的家长说，这样的课程解决了一直令我困惑的谜题。通过学习，我才知道，一些被我们认定的孩子的不正常行为，原来是很多孩子成长中的必然情况。有的家长说，在线指导太重要了，帮助我解决了和孩子沟通的卡点和困惑，同孩子的沟通更加明晰、顺畅了。

现在，我将这个课程整理成书呈现给各位家长，希望能够帮助更多家长了解青春期的孩子，帮助处于青春期的青少年更好、更清晰地认识自己。

青春期，本该富有朝气、活力等美好的风貌。处于青春期的青少年，也本该活出不惧风雨、蓬勃向上、勇往直前的风采。但在实际生活中，青春期却常常被冠以"刺头""叛逆""灾难""折磨"等负面词汇。其中很重要的原因，是很多家长不了解青春期既是一个生理发育迅速的阶段，也是心理变化剧烈的时期。因此，对青春期的全面、客观认识和了解，便成了家长的成长所需。

所以，无论你是父母，还是青少年，抑或是其他人，我都希望你能参与进来，一起学习青春期的发展主题，一起为家长的养育助力，一起为青少年的成长助威，一起享受青春期带来的青春和美好。

如果你在孩子的青春期陪伴了他成长，无论孩子将来是功成名就，还是普通平凡，作为家长，你都会因为自己曾经拥有与青春期孩子相处的这段时光而百感交集；你更会因为孩子的点滴成绩而感到欣喜和自豪，哪怕他们曾无数次让你失望、难过、落泪,但你从未放弃。

  青春对于每一个人来说都只有一次,所以弥足珍贵。参与到孩子的成长中,你会再一次感受到青春的美好。

王剑飞

2021年1月10日于深圳

目 录

第一章 青春期的基本知识 ··· 001

第一节 青春期的起点与终点 ····································· 003
性别差异 / 地域差异 / 个体差异 / 心智成熟

第二节 青春期的生理特征 ······································· 008
女孩的生理变化 / 男孩的生理变化 / 青春痘

第三节 青春期的心理特征 ······································· 010
青春期的情绪变化 / 紧张 / 焦虑 / 烦躁

第二章 青春期的第一个发展主题——独立与自主 ············· 013

第一节 独——实现与妈妈心理上分离 ·························· 016
可信任的依赖关系 / 回到儿童期寻找原因 / 妈妈的角色与功能

第二节 立——在心理上站立起来 ································ 027
爸爸作为权威者的重要性 / 避免家庭中的多权威现象 / 把夸奖作为习惯

第三节 自——发展自我 ·· 038
孩子对父母的认同 / 孩子的同一性发展 / 老师对孩子的认同 / 孩子的朋友圈 / 父母的自我成长

第四节 主——我要做主 ·· 046
金钱 / 交友 / 时间 / 空间 / 服饰 / 隐私

第三章　青春期的第二个发展主题——个性与独特…………061

第一节　个性——作为独立个体的独特性……………………063
　　　　避免性别困扰 / 性别的同一性 / 孩子的天性 / 怪诞的
　　　　语言和行为 / 与自由、死亡等相关的存在感

第二节　独特——成为特别的自己……………………………079
　　　　心理封闭期 / 孩子的特性特质 / 孩子的爱好特长

第四章　青春期的第三个发展主题——冒险与挑战……………091

第一节　冒险——我想去尝试……………………………………094
　　　　身体的探险 / 竞技的冒险 / 探索自然 / 内在的自信与
　　　　安全感

第二节　挑战——对关系与权威的质疑…………………………103
　　　　嫌弃父母 / 威信型的教养 / 顶撞撒谎 / 厌学泡吧 / 抽
　　　　烟喝酒 / 自残出走 / 性与毒品 / 知识技能等方面的
　　　　支持

第五章　青春期的第四个发展主题——竞争与合作……………125

第一节　竞争——成为理想中的人………………………………127
　　　　竞争父母的爱 / 避免重男轻女 / 避免父母之间的竞争 /
　　　　良性竞争与恶性竞争 / 不要活在比较里

第二节　合作——联结的渴望……………………………………151
　　　　发展友谊 / 父母关系的影响 / 老师的影响 / 性格与兴
　　　　趣爱好的影响

第六章 青春期的第五个发展主题——成功与挫败…………… 157

第一节 特殊的青春期尾声………………………………… 159
　　　心智成熟的标准 / 自我同一性 / 价值感与获得感 / 父
　　　母欣赏与自我认同

第二节 如何应对挫败……………………………………… 175
　　　自我否定 / 自我贬低 / 自我摧毁 / 父母的焦虑传递 /
　　　父母的完美主义 / 父母的恶性竞争

附　录 父母问答…………………………………………… 187
　　　孩子爱美 / 学习动力不足 / 大吼大叫 / 沉迷电子产品 /
　　　妈宝男 / 与异性关系密切 / 不尊重父母 / 妒忌行为

后　记 ……………………………………………………… 213

第一章 | 青春期的基本知识

第一节　青春期的起点与终点

性别差异 / 地域差异 / 个体差异 / 心智成熟

谈到青春期，我们首先需要了解一下青春期的基本知识。

可能很多家长想问一个问题，就是对于每个人来说，究竟哪一个发展时段属于青春期？青春期的起点和终点又是怎样确定的？

面对这样的问题，我想跟大家说的是，青春期是一个人生理和心理发展的必经阶段，是人一生当中非常重要的生理和心理发展时期。

从发展心理学的角度看，青春期是在婴儿期、幼儿期、少儿期的基础上发展而来的一个成长阶段。

如果从一个人不同的发展时期说起，婴儿期通常指孩子从出生到18个月这段时期。幼儿期常常是指孩子从18个月以后，到上幼儿园之前的这段时间。一般幼儿园规定孩子入学年龄是满3周岁，因此，在孩子18个月到3周岁这段时间，我们常常称之为幼儿期。

少儿期则是孩子正式进入社会化发展的第一个阶段。孩子从上幼儿园开始，包括小学期间的发展阶段，都可以称为少儿期。在孩子上六年级的时候，大多数孩子已经11～12周岁了，而这个年龄段就是少儿期和青春期的交叉阶段了。

如果用年龄衡量青春期起点的话，从发展心理学关于青春期发展阶段的文献所提供的综合数据来看，青春期大多从10周岁开始计算。说到这里，可能家长会问，如果把10周岁作为青春期的起点，那要不要区分男孩和女孩呢？答案是，当然要区分。人类是由男性和女性组成的，从出生到进入青春期这段时间，男性和女性会有不同的生理结构和心理发展的变化，不能等同而论。

我们常常把10周岁定义为女孩青春期的起点年龄。而男孩因为生理结构不同，通常要比女孩晚两三年进入青春期。所以，一般来说，男孩在12周岁左右才进入青春期。

也许有的家长又想问，我的儿子才10岁，他已经出现青春期的特征了，那是不是提早进入青春期了呢？答案是，女孩10周岁、男孩12周岁是大多数孩子青春期的起点年龄，但不是绝对的。除了个体差异外，进入青春期的早晚还与每一个孩子出生及成长的地域有关。有的孩子出生、成长在南方，有的孩子出生、成长在北方；如果以纬度带来划分，有的孩子出生、成长在寒带，有的孩子出生、成长在温带；有的孩子出生、成长在亚热带或者热带。地域因素对于孩子进入青春期的生理变化会产生影响,就像植物一样,越热的地方生长得越快,越冷的地方生长得越慢。

从中国地图来看,随着纬度带的不同,孩子生理发展的快慢和生理特征的外在表现就有差异。这里的差异,就在于南方,或者说热带、亚热带地区,孩子进入青春期的年龄就要早于北方或者寒带、温带地区。平均起来计算,会早一到两年的时间。

所以,我们所说的女孩10周岁、男孩12周岁进入青春期是普遍的、总体的概念,而不包括个体成长和养育的差异。有的家长也许还会问,我的孩子都超过10周岁或者12周岁了,好像还没进入青春期,这是不是不正常呢?不是,有的孩子进入青春期的时间会略晚,是共性当中的特例。所以请家长不要着急,要顺应孩子的成长规律,既不要因其青春期延后而焦虑,也不要揠苗助长。就像植物一样,有的植物早开花,有的植物晚开花,但是早早晚晚都是要开花结果的。家长需要尊重孩子的成长和发展规律,但也要照顾到孩子发展的个体特质。

另外,家长不要常常把自己的孩子跟其他的孩子比。比如说,为什么邻居家或者同事、同学家的孩子,跟我的孩子同岁,人家就长得那么高、那么快,很快就进入青春期了,而我家孩子还没有?请家长放下焦虑,正确认识一般青春期的起点年龄，其仅是一个共性特征，而不包括个体差异。既然存在个体差异，或早或迟，都是正常的。甚至有的家长会问，我的孩子都十七八周岁了，似乎还没有进入青春期。其实，只要体内激素分泌正常，这些都不是什么大不了的事，请家长静待花开。

我们刚刚说过青春期起点的年龄了，那么青春期结束的年龄是多少呢？关于青春期结束的年龄，发展心理学家众说纷纭。有的说16周岁，有的说18周岁，有的说20周岁，有的说22周岁。以我国为例，《中华人民共和国宪法》规定，年满18周岁的人为中华人民共和国公民，依法享有选举权和被选举权。《中华人民共和国兵役法》规定，年满18周岁的男性公民，应当被征集服现役。《中华人民共和国民法典》规定，18周岁以上的自然人为成年人。16周岁以上的未成年人，能以自己的劳动收入作为主要生活来源的，视为完全民事行为能力人。《中华人民共和国民法典》规定，结婚年龄，男不得早于22周岁，女不得早于20周岁。

综合上述规定，判断一个人青春期是否结束，应该以这个人的生理情况和心理情况是否匹配作为评估标准。按照艾瑞克森以及萨提亚关于生命周期的理论，青春期结束的年龄大概在25周岁。这种说法也不是每个孩子都符合。有的孩子可能提早，有的孩子也许滞后。有时我们也会看到一些个别现象，比如有的人已经到25周岁了，但仍然处在青春期，这也是正常现象。

有的心理学家把心智成熟作为青春期结束的标志,也不无道理。所谓心智成熟,就是指当一个人,到了一定年龄,他的生理年龄和心理年龄相匹配;情绪和行为相适应;人际关系处理相对成熟;有了处理冲突的能力;能以社会化发展的要求,从事社会活动,进行社会交往,完成他的社会角色和社会功能。这样的话,一个人就达到了青春期的发展目标,开始进入下一个人生发展阶段。

第二节　青春期的生理特征

> 女孩的生理变化 / 男孩的生理变化 / 青春痘

孩子进入青春期后,家长如果留意的话,就会看到孩子不时地发生着各种各样的生理变化。

我们引用一个美国文献来做例证:人的青春期生理变化的一般进程是,女孩6岁到13岁,乳房开始发育了;6岁到14岁,阴毛开始生长;9岁半到14岁半身体开始急速发育;10岁到16岁半会来月经;阴毛出现两年以后,腋毛就开始出现了。

男孩9岁到13岁半,睾丸和阴囊开始增长;12岁到16岁,阴毛开始生长;10岁半到16岁,身体急速发育;11岁到14岁半,阴茎、前列腺、精囊开始生长;这个时候孩子出现了变声、遗精,同时开始长胡须和腋毛。

这个时候,人的皮脂腺分泌的油和汗增多,会导致痤疮,即所谓的青春痘。所以,如果一个孩子脸上长了青春痘,无论男孩、女孩,都是在提示家长,孩子进入青春期了。

  有的父母也许会说，我的孩子已经上高中了，也没长青春痘，脸上还是平平的，是不是等于孩子没有进入青春期呢？答案是否定的，这恰恰说明孩子和孩子之间是有差异的。有的孩子会长青春痘，而有的孩子不长青春痘，这不意味着孩子没有进入青春期。家长除了观察孩子脸上的变化，还要关注其他青春期的内在、外在特征，综合了解，这样就会更加全面、立体地知道孩子生理发展的变化。

第三节　青春期的心理特征

> 青春期的情绪变化 / 紧张 / 焦虑 / 烦躁

怎么才能知道孩子的心理发展是否真正进入青春期了呢？家长可以通过心理发展表现出来的特征，来判断孩子有没有进入青春期。

孩子进入青春期后，心理变化最常见的表现就是情绪变化。一个孩子进入青春期以后，他的情绪变化会很大。这些情绪的变化，对孩子来说，常常不是他们自己能预料的，当然也不在大多数家长的预料之中。我们看到孩子的情绪变化，恰恰伴随着孩子的生理变化。孩子第二性征出现以后，特别是如女孩的乳房发育、月经出现，男孩的阴茎、阴囊生长和遗精出现，包括男孩、女孩痤疮的出现，会让孩子在情绪上出现一些不同以往的变化。而情绪上的变化主要会表现在三个方面：一是孩子会紧张；二是孩子会焦虑；三是孩子会烦躁。

上述三种情绪变化是和孩子的生理特征的发展相关的。

比如孩子会紧张，通常是因为他们对生理发育没有任何心理准备，一旦身体出现变化，就紧张、焦虑。有的孩子会问同学、问同伴，有的孩子也会问家长，这些现象的出现是不是正常的？当孩子知道是正常的时候，他的紧张感、焦虑感就会降低。而有的孩子，特别是青春痘长得比较多的男孩，相对会更加焦虑。当他不知道什么原因的时候，或者当他看到青春痘越长越多，对着镜子用手挤、抠、挖而无济于事的时候，就会出现烦躁情绪。

另外，孩子的情绪变化常常和亲子关系好坏有关。如果家长看到孩子因生理上出现第二性征发育而产生情绪变化时，不过分关注，让孩子慢慢走过去，或者家长能够给孩子提供一些指导，提供一些性教育，孩子就会减少这些紧张感、焦虑感，甚至烦躁的情绪。但是，如果父母对孩子的教育和成长所采用的方式是抱怨、指责、控制等，孩子更容易产生焦虑、紧张、烦躁情绪，甚至出现一些其他情绪。这就需要提醒父母，除了要关注孩子的生理发展和心理发展，还要有意识地改变自己在亲子关系上的应对方式。

当孩子进入青春期后的内外快速变化，都被父母关注到了，孩子的顺利成长就有了良好的基础。

第二章 | 青春期的第一个发展主题
——独立与自主

青春期的第一个发展主题,就是独立自主。

"独立自主"这四个字,每一个家长或者每一个孩子都不陌生。那么,如果从孩子的心理发展方面考虑,需要如何解读呢?如果从亲子关系角度来看,又和妈妈、爸爸以及一个家庭有怎样的关联呢?家长怎样才能让孩子把这个主题发展好呢?

我想告诉家长的是,一个孩子进入青春期,"独、立、自、主"这个发展主题不但是首要的,而且会贯穿孩子的一生。换个角度说,我们做父母的,自己的"独、立、自、主"这个发展主题,需要在孩子青春期发展阶段中重新认真核查和思考。如果你已完成了的话,你就可以顺利陪伴孩子完成其独立自主的青春期发展主题;如果你还没有完成,也许就会与孩子这个发展主题发生碰撞,继而让孩子在这个发展主题出现困惑或者障碍。

所以,我们要对这个主题做一些详细的解读。我之所以把独立自主这四个字分开成"独、立、自、主",就是想把它分开来做一些说明。

第一节　独——实现与妈妈心理上分离

> 可信任的依赖关系 / 回到儿童期寻找原因 / 妈妈的角色与功能

我们首先来看第一个问题，这个"独"和谁有关？

我的心理学专业受训背景是萨提亚模式的家庭治疗，从家庭治疗的角度和依恋关系理论来看，我们说这个"独"，就是一个孩子要从妈妈这里分离出来，成为和妈妈不同的两个人，这就叫"独"。

如果一个孩子没有跟妈妈从心理上分离，这个孩子就不能成为一个"独"的人，那么这个孩子就会与妈妈"共生"。也就是说，即使孩子进入青春期或者成人期了，似乎仍然在跟妈妈经历或者享受婴儿期、幼儿期、少儿期的过程，而外在表现出长不大，或者不想长大的样态。

所以，一个孩子的"独"，特别考验妈妈和孩子之间的养育关系。这就有很多信息需要家长来识别、梳理、核对、评估、检查。

第一，如果一个孩子到10岁或者12岁了，甚至已经17岁了，还不能和妈妈分开，比如，有的孩子不能分床，仍然跟妈妈一起睡；有的孩子仍然常常黏着妈妈；有的孩子仍然需要妈妈陪着做作业等，那我们就要识别妈妈的角色和功能了。其含义是，孩子是不是离不开妈妈？

举个例子，一个孩子出生时，自然而然和妈妈在一起，由妈妈全身心地喂养、照顾、呵护。但是，如果孩子出生以后，不是由妈妈亲自抚养，而是由奶奶、外婆、保姆等来抚养，且是多人轮换养育，即不是由一个人从孩子出生到上幼儿园这段时间稳定地养育，那么在孩子上幼儿园的时候，就可能出现问题。主要表现就是孩子不愿意上幼儿园，比如上幼儿园前，孩子要黏着妈妈大哭："我要妈妈，我不去幼儿园。"如果孩子是这样度过婴幼儿时期的话，当孩子成长到青春期，多数会形成两种情形，一种是黏人，另外一种是依赖。

这两种情形落在理论上，我们称之为依恋关系没有发展好。而依恋关系就是看妈妈与孩子在3岁之前的陪伴养育是不是稳定的，妈妈带给孩子的安全感是不是足够的，妈妈是否存在情绪不稳定的问题。这些合在一起，就构成了考量一个妈妈角色和功能是否发展到位的重要因素，也就成为孩子进入青春期能不能和妈妈分开成为独立的人的重要评估标准。

这里所说的"独立"是心理意义的判断，也就是让孩子在心理上感受到妈妈是妈妈，我是我。如果不是这样的话，孩子在青春期第一个阶段，就会在作业、阅读或者和他人的人际交往上出现困难。而这个困难就是他一直想依赖妈妈，或者总是希望有一个像妈妈一样的人，来帮助或替代他完成所有事情。

所以，我想邀请家长核对的是，你的孩子进入青春期时，有没有和妈妈"分开"。从妈妈的角度看，妈妈有没有做到在孩子进入青春期以后，就真正地和孩子从心理上分离。如果妈妈做到了，你的孩子就可能从心理分离的发展上，发展出了"独"。而这个"独"，对于孩子来说，就是我和妈妈不但在生理上是两个人，妈妈是妈妈，我是我，而且我们在心理上，虽然彼此是因爱联结的，但在各自需要达到各自目标、完成任务时，我们都可以单独地为自己的成长、目标和任务负责。

第二，我也请妈妈从自身角度来进行核查，也就是当孩子进入青春期的时候，孩子外在表现出的黏人和依赖行为，是否起因于妈妈。也就是说不是孩子离不开妈妈，而是妈妈黏着孩子、依赖孩子。

比如，妈妈什么事情都要为孩子包办，替孩子做，总是担心孩子做不好。这是不是意味着，妈妈自己没有达到独立的"独"的这个发展目标，没有完成发展任务呢？依恋理论告诉我们，如果妈妈在她的童年期，没有实现和她的妈妈心理分离，这个妈妈会在她有了孩子以后，更多地表现出对孩子的担心，基于这个担心就自然会产生替代和包办的想法。

比如，孩子小的时候妈妈会为孩子做很多事情，穿衣服、喂饭等，而且当孩子自己能够做这些事的时候，妈妈还是不放心，仍然坚持做，这样就会导致孩子缺乏生活自理能力。再比如，孩子出去跟其他小朋友一起玩的时候，妈妈也会有很多担心：她会不让孩子和其他小朋友在一起玩，或者不能玩太长时间，也不让孩子去小朋友家里玩，这样就会导致孩子上幼儿园的时候出现交友困难问题。

当我们看到一个孩子10岁或者12岁了，仍然不具备他这个年龄段孩子应该具有的生活自理能力，不具备与同学、老师建立和发展关系的能力以及管理自己学习的能力时，我们就可以确认，这种情况多数是因为妈妈不放手，从而使孩子不能完成与妈妈的心理分离，成为和妈妈不同的两个人。孩子的"独"没有及时地发展起来。

如果做一个简单的小结，那就是，当一个孩子进入青春期后，第一个发展目标就是要和妈妈成为不同的两个人。在心理上，母子要由爱联结着，但是在发展目标和发展任务上，要各走各的轨道，各自完成属于各自的任务，而不是彼此替代、包办，存在黏人、依赖的依恋关系。

我看到很多孩子，已经10岁了，还时时找妈妈，甚至经常哭鼻子。如果这样的话，这个孩子在独立的"独"的方面，可能是因为妈妈的角色和功能没有发展好，而没有达到预期发展目标。

另外，妈妈们也要核查，孩子从母体分离出来后，如果不是只由妈妈一个人带着，还有奶奶、外婆或其他人来带，或者是由多个人交替带大，那么带孩子的这个人有没有成为孩子心理上可以绝对信赖的人？比如像妈妈一样的奶奶，像妈妈一样的外婆，或者像妈妈一样的保姆。

如果孩子不是由妈妈独自一个人带大的，可能孩子在心理上和妈妈早就分开了。这个孩子和妈妈不亲，而他亲近的那个人可能是奶奶、外婆、保姆或者其他的人。如果是这样的话，当孩子进入青春期时，亲子关系上就会出现非常规的变化。

最常见的表现就是孩子不听妈妈的话，但是妈妈又需要跟着孩子达到在青春期发展阶段上的各个发展目标，比如要配合老师完成学校的教育管理、课业管理等。如果孩子从小是由多个人交替带大，在孩子心中没有一个稳定的、自己所渴望的、又亲又爱的、类似妈妈一样的人陪伴他成长，那么孩子在进入青春期的时候，跟妈妈的关系常常会变得很糟糕。

所以，我请妈妈们做些核对，是不是在孩子最需要自己的时候，没有在孩子身边，而是把孩子交给其他人带着。当孩子进入青春期后，你在配合学校和老师完成作业管理和其他方面管理的时候，是不是会发生困难。

如果有这方面困难，那我们就要检查妈妈和孩子之间的关系。我们希望的是，孩子出生以后，妈妈能和孩子待在一起，特别是从出生到上幼儿园这三年，妈妈不但要情绪和心理稳定，还要有固定的时间陪伴孩子。之后，孩子就可以自然而然离开妈妈去上幼儿园，孩子在心理发展上，就会越来越感觉妈妈是妈妈，我是我，这样就会顺利实现母子的心理分离。

如果孩子在青春期出了问题，家长就要回到孩子少儿期寻找原因，或者回到孩子幼儿期寻找原因，甚至回到孩子婴儿期寻找原因。而找原因时，妈妈首先要从自己的角色和功能上来进行梳理、评估、核对、检查。

有的家长只看到青春期的孩子不听话，青春期的孩子不好管，就认为是孩子自身在青春期阶段出现了问题，其实不是这样的。

家长要回头寻找原因。当你找到这些原因的时候，你就可以对症下药，进而帮助孩子度过这个阶段。

所以，我们希望孩子要从小与妈妈建立和发展出安全、可信任的关系。如果是这样，孩子就可以完成独立自主的"独"的心理发展，达成第一个心理发展目标，我是我，妈妈是妈妈。

接下来,我们看一个案例。请读者通过这个案例分析一下,在母亲的角色和功能上,这位妈妈出现了怎样的问题。

有一个妈妈发微信给我说:"老师好,在疫情发生后,我的孩子就没去学校。她是艺术类的学生,不能戴口罩上课,学校学生来自全国各地,所以学校一直没有开学。她待在家里时每天吃饭非常不规律,午饭常常到下午两三点才吃,吃完就开始睡觉、打游戏,晚上我做好饭,有时候叫她很多次,她才吃一点儿,有时候甚至不吃。打完游戏就9点多了,实在饿了,她就去冰箱里翻点儿东西做西餐。她本来就有些胖,现在更胖了。打游戏的时候她要么不吃,要么边吃边打,有时候还嫌弃我做得不合口味。她基本上一整天都不会下楼,家务活儿,也是我反复要求,她心情好才做。她除了喜欢玩游戏,还喜欢用手机看电影,吃饭时、睡觉前、上厕所时都看手机。我特别担心。看到她这样,我有时候也唠叨,提醒她作为艺术生不能太胖等。"

我收到家长发来类似的信息很多,可能有很多家长有类似的苦恼。所以,我想通过上面的案例,来分析这位妈妈有没有和女儿实现"独"的心理发展。

我们从上述信息中可以看出,女儿固然有很多问题,但妈妈对女儿的担心多,焦虑多,想管的也多。女儿已经上大学了,至少也有18周岁了。如果一个18周岁的女孩,在疫情期间,她每天的作息安排、她的个人喜好和爱好,仍然被妈妈担心，每天被妈妈盯着，被妈妈唠叨和提醒着，会怎么样呢？是这个妈妈没有完成独立的"独"的发展，还是女儿没有完成独立的"独"的发展呢？

所以，通过这个案例，我想大家可以明白，最大的可能是妈妈在她自己的青春期发展中，没有完成独立的"独"。我们可以推测，这位妈妈在她的青春期时，她的妈妈，也就是孩子的外婆，也是用同样的方式来管她的。或者这位妈妈在她的童年期，没有在她的妈妈跟前长大，是由其他人带大的。所以，当她成了妈妈之后，她就对她的孩子有各种各样的担心，有各种各样的放不下。

而从女儿的成长视角看，她已经上大学了，而且是艺术生，因为疫情，她只能待在家里，安排自己的作息和兴趣爱好。这些本属于每个大学生自我管理的范畴。可是，妈妈一直把她当成一个小孩子来看待，那就意味着，我要管你吃，还要管你睡，管你的生活习惯，等等。

所以说，对于青春期，独立自主的成长和发展是个一直存在的主题。而这个主题也许是孩子的，也可能是妈妈的。

这个案例也许会帮助家长厘清这样的逻辑关系：如果妈妈没有完成她在青春期的独立的"独"这个发展主题，当她的孩子一旦在青春期遇到独立的"独"这个发展主题时，两个人很可能就会出现对抗。这种对抗就是，你想管我，我不服从你的管，两个人各行其是，互不妥协。这就会让两个人的关系变得越来越拧巴。

所以，做妈妈的，包括爸爸，要先核查自己在青春期的发展中，分离的主题有没有完成。如果没有完成，自然而然会和孩子在同样的主题上出现问题，甚至会出现更多、更严重的情况。

这个案例的信息还有其他内容："疫情期间，我在另外一个省份工作了一个月。这期间，女儿倒是负责管狗、猫、鱼，也自己做饭，有的时候会点外卖。但是我回来以后，她又回到了老样子。基本上，一整天都待在自己房间，我说她，她会发脾气，她说她自己上网课很累。我开始时尽量忍着，坚持每天做好饭叫她出来吃。后来，我也不想用大量的时间做饭了，因为我要换一份新的工作，但是很多机构都很挑剔，所以我自己也很焦虑。当我越来越静不下心来做饭的时候，我就会看到女儿越来越多的问题。女儿说，她上网学习需要花费很多的时间。所以，每次我让她承担一些家务，她都是一脸不高兴，有时候还会直接进房间，然后锁上门，如果我说得多了，她就大喊大叫。"

至此，我们可以更加清晰地看到这位妈妈和孩子之间的关系。通过这些信息，我们可以得出结论，当妈妈在另外一个省份工作的时候，孩子可以喂狗、喂猫、喂鱼，还可以自己做饭，这恰恰说明，这个孩子不但可以照顾自己，还可以照顾家里面的小动物。但是，妈妈回来以后，就开始挑剔和嫌弃孩子了。这恰恰说明妈妈自己的成长出现了问题。

妈妈把换工作所带来的压力、焦虑、担心,通过挑剔和指责反馈给了孩子,于是孩子跟她的关系就变得拧巴了。我认为,如果妈妈成长良好的话,带给孩子更多的可能是对孩子的爱,而不是管。如果妈妈在她的童年期或者青春期没能获得很好的成长的话,也许妈妈就只会管孩子,而不是让孩子接收到她爱孩子的信息。

通过这个案例,我们要提醒妈妈们时刻检查、反省自己:自己在儿童期和青春期独立的"独"这一关有没有通过,自己和妈妈的心理分离有没有完成?如果完成了,在孩子进入青春期的时候,妈妈们才能真正地理解孩子在这个时期的发展目标和任务。

每一个孩子的心理成长动力都在推动他的自我成长。比如,一定要从妈妈这里分离出来,不希望妈妈跟自己纠缠,不希望被妈妈控制,不希望妈妈来管自己那么多的事,要成为自己想成为的那个人。这是每一个生命自然而然的走向。

当然,我们也要提醒已经进入青春期中高段的孩子,你也可以与家长一起学习,并对亲子关系做一些检查:是不是很多时候妈妈替代你做了很多的事情,妈妈总想管你,甚至想控制你,然后让你按照她所期待的样子成长。如果是这样,孩子就可以告诉妈妈:哪些事情是自己可以做,不需要妈妈来做的;哪些事情是可以由妈妈陪伴做的;哪些是只需要妈妈帮一点点忙就可以完成的。

  我们希望孩子能够准确地、清晰地向妈妈表达，自己可以做的是什么，自己不希望妈妈帮忙的是什么，自己不喜欢的是什么，自己拒绝的是什么。这样，妈妈和孩子之间就确立了一个成长的界限，而这个成长的界限就是，你负责你的，我负责我的，彼此各自负责。有交叉的时候，妈妈就需要帮助孩子来完成与妈妈心理分离的成长目标。妈妈只是暂时性地帮助孩子做一些孩子目前还做不到的，或者一些确实需要妈妈帮助做的事情。

第二节　立——在心理上站立起来

> 爸爸作为权威者的重要性 / 避免家庭中的多权威现象 / 把夸奖作为习惯

独立自主的"立",这个字和谁有关呢?这个字又和孩子的心理发展有着怎样的关系呢?

我们前面说的独立的"独",主要考量妈妈和孩子能否实现心理分离。如果不能分离,妈妈跟孩子就会出现共生状态。共生就是彼此粘连,两个人总是捆在一起,谁都别想分开。这种状态是要不得的,是会影响孩子心理发展的。

如果妈妈能够让孩子成为孩子,妈妈成为妈妈,那么,孩子的第二个发展目标和发展阶段,就是独立的"立"了。"立"这个字,顾名思义就是站立,是让孩子在心理上能够站起来,并且能够站得住,站得稳。

我们先来看看这个"立"对孩子的生理发展的要求是什么。当一个孩子进入青春期时,家长和老师都关注这个孩子站得直不直——他站着的时候,腰杆是不是挺直的,胸膛是不是挺起的。

在心理发展上，我们要看这个孩子是不是自信、阳光、积极、乐观、向上的。无论男孩还是女孩，如果内在具备这些心理特征，那么，当他站起来的时候，就能够彰显出他的形象和气质，也就是我们常说的"精气神"。青春期孩子的精气神，在他小学高年级到初中阶段就可以充分体现出来。比如，在孩子站队、做操，参加各种各样的比赛、表演时，都可以看出这个孩子"立"的能力够不够。如果一个孩子站也站不直，常常歪歪斜斜；要不就是以一条腿为重心，另一条腿撇在一边；要不就是动来动去，一会儿挠头发，一会儿搓脸、搓手，或者揪衣服等：这就意味着这个孩子在青春期发展过程中，关于"立"的这部分的成长可能出现了一些困难或者障碍。

一个孩子的成长，首先要和妈妈实现心理分离，然后再成为他想成为的一个能够立得住、站得稳、更加自信的人。这是谁在发挥着权威角色的作用，又是谁推动着孩子朝着这样一个方向和目标去发展呢？这个人就是爸爸。所以，孩子的"立"和爸爸有关。

一个孩子内在的力量和自信，首先来源于家里的权威。心理学告诉我们，一个家庭的权威角色往往由爸爸充当，或者很多孩子自然认同爸爸是一家之主，爸爸是权威，但是，也不排除有的家庭的权威者是妈妈。如果你是家里在孩子心中说了算的那个人，那么，你就是家里不可替代的权威者。

所以，我们第一个要评判的是，爸爸的教育在孩子的成长过程中，有没有让孩子在心理上发展出自信和力量。只要有这两样东西，孩子就可以立得住、立得直、立得稳。当孩子进入青春期的时候，孩子就会慢慢地发展成为一个有自信、有力量、敢冒险、敢挑战的人了。

那么，爸爸们要不要检查一下自己对孩子要做什么，已经做了什么，没做什么，或者做错了什么？答案是，当然要！

我们先说第一部分，爸爸要做什么才能让孩子更加自信，更加有内在力量。大家如果读过林文采所著的《心理营养》这本书的话，就会知道爸爸最早会在孩子4～5岁间发挥作用。如果在孩子4～5岁的时候，爸爸能够经常对孩子表达欣赏、赞美、肯定、认同，孩子的自信和力量就会发展起来。

如果爸爸能够多跟孩子在一起，且在一起的时候能看到孩子的成长和进步，并及时对孩子表达欣赏、赞美、肯定、认同，这些对孩子来说就够了。这样就会让孩子在成长过程中，感受到自己一点一滴的进步。爸爸把这些都看在眼里、记在心上、表达出来，孩子就会认为自己所有的进步和成长都被爸爸看见了。所以，一个孩子的成长一旦被权威者欣赏、赞美、肯定、认同了，他就自然而然地更加自信。

如果爸爸做得到位，孩子上课就敢举手；参加比赛就会踊跃报名，上台的时候，就会站得稳，并把准备的所有知识以及比赛的内容，有条不紊地呈现出来。然后，家长就看到孩子的自我发展得很稳定。因此，爸爸的欣赏、赞美、肯定、认同，对于孩子自我的发展不可或缺。

也许有的家长会问，爸爸要多长时间表达一次欣赏、赞美、肯定、认同才是最恰当的？以我自己的经验来看，其实一个爸爸一周对孩子进行一次欣赏、赞美、肯定、认同就够了。爸爸在其他的时间里，完全可以发展自己的事业和社会关系。对于青春期的孩子，爸爸不需要天天刻意地做这些，如果那样，孩子会觉得爸爸夸得有点儿假，或者有点儿啰唆。爸爸只要一周做一次，做到位就够了，实在没有时间的话，两周做一次也是有效果的。

那么，问题又来了，如果爸爸做得不够，或者没那么好，会对孩子有多大影响呢？这又要核查爸爸的功能了。我们需要核查的是，爸爸究竟是不懂，还是不会对孩子表达欣赏、赞美、肯定、认同？以20世纪60年代出生的爸爸为例，当他们还是孩子的时候，他们的父辈作为权威者，对他们的欣赏、赞美、肯定、认同几乎是不够的。所以，当他们的孩子进入青春期时，他们作为爸爸就很难恰当地把这个部分给予孩子，从而表现出要么不会、要么不懂、要么自认为够了的状态。比如，很多爸爸在对孩子表达欣赏、赞美、肯定、认同的时候，常用这样的句式：儿子（女儿），你很棒！但是，你要……

爸爸常常只会对孩子说，你很棒，你很厉害，你很好。然后，在接下来的表达中，就一定会听到一个"但是"，这个"但是"后面加了很多要求，比如，你要戒骄戒躁，你要加油，你要继续努力，等等。爸爸一旦用这样的方式进行表达，孩子就会对爸爸的欣赏、赞美、肯定、认同打个折扣。孩子会认为，爸爸其实不是在表达欣赏、赞美、肯定、认同，而是在表达期待和要求。而这个期待和要求是孩子不想听到的，孩子一旦听到这些期待和要求，压力就来了，就会退缩。孩子心里会想，我宁愿不要这些欣赏和赞美，也不要活在无穷无尽的期待和要求中。

我最近在抖音上看到一个视频，视频里讲到一个9岁的女孩，她在父亲节给爸爸写了一封信，信中说："爸爸，我为什么要经常在学校考第一呢？我现在宁可考最后一名。我无论考班里第一或者年级第一，都觉得特别难过和悲伤。"为什么呢？"因为我每次考第一的时候，妈妈会说我考得好，老师也会说考得好，同学也羡慕我。但是，您却不是这样的。每次您从外地工作回来，我满怀期待地把成绩单给您看，或者请您在我的试卷上签字的时候，我都希望您能够夸夸我！可是，您每次只说一个'哦'，然后就把我的成绩单或试卷放一边了。"她说："我多希望您能告诉我说，女儿,看你有多棒,你有多努力,你有多勤奋!但是您没有,您这样的做法让我很失望、很悲伤、很难过,您就只是'哦'了一下。所以,我以后再也不努力考班里第一了,也不会再争取考到年级第一了。"

从这个例子中,我们看出这个女孩是多么渴望爸爸的欣赏、赞美、肯定、认同!我们从爸爸对她的回应就可以看出女孩"立"得游移不定。如果爸爸回来一看到女儿的成绩单或试卷就对孩子说:"爸爸这么长时间没在家,只有你和妈妈两个人在家,你是多么努力,多么要强,多么上进,才能考出这么好的成绩啊?!爸爸看到你取得这么好的成绩,即使在外面工作得再苦再累,也是特别开心和安心的!"

可以想象,当女孩听到爸爸说这样的话时,是不是就有内在的力量和自信了呢?所以,爸爸的欣赏、赞美、肯定、认同会推动孩子继续向更自信、更有力量的方向发展。因此,我们希望爸爸们千万不要总是盯着孩子没做到的、没做好的、做错的事,而是要每天都尽力去发现孩子做到的、做得好的事。这样,孩子的成长动力就自然而然地发展起来了,孩子的自律、自理、自觉的能力也就随之发展起来。继而,孩子也能够把自己做得不足的、不够好的部分补充上来。否则,孩子就会活在挫败中,可能一生都会在意别人的评价。

关于家长能不能让孩子立得住、立得稳,能不能让孩子真正达到"立"的发展目标，我们还要请爸爸妈妈们核查一下你们的家庭里有没有存在多权威的现象。

什么叫多权威？就是家里人谁说了都算。如果爸爸妈妈两个人都在家，爸爸想说了算，妈妈也想说了算，那这两个人就会"争权夺势"，让孩子不知道听谁的好。

举例来说，就是妈妈对孩子表达欣赏、赞美、肯定、认同了，爸爸却说你不要宠坏孩子；或者爸爸对孩子表达欣赏、赞美、肯定、认同了，妈妈又说，你不要听爸爸的，他说得少、做得差。如果这样，孩子关于"立"的发展目标、发展动力和发展过程就会受到影响，孩子会左右为难，进而产生选择困难情绪。

还有一种情况发生在三代同堂的家庭里。这样的家庭里要么有爷爷奶奶，要么有外公外婆。我们常常看到，两代人轮流教育孩子，爷爷奶奶或者外公外婆都认为自己的教育理念是对的，他们有时会对孩子说："你爸爸妈妈都要听我的，所以你就听我的，没错！"但是，一个孩子面对6个人，且6个人出现了"权力"争夺，这时他究竟要听谁的呢？

所以，目前有很多三代家庭，在一起带一个孩子或者两个孩子时，会出现很多问题。一是让孩子学会了钻空子；二是让孩子不知道听谁的好；三是让孩子在独立的"立"的发展上左右摇摆，有事不知道问谁。这样的家庭养育出的孩子,一旦进入青春期,就会优柔寡断、没有主见,特别是在大事的决断和决策上,如在中考、高考填报志愿时,就会出现选择困难,有时干脆放弃选择,或不能为自己的选择而负责。

因此,请家长们核查家庭中是否存在多权威的现象,尽量减少或者避免多权威、多中心现象,从而让孩子更加立得住、立得好。

我讲到这里,可能有的家长又要问了,是否存在没有爸爸、没有权威的家庭呢?答案当然是有。

首先看家庭里没有爸爸的几种情况:

第一种情况是没有爸爸。在孩子小的时候,或是进入青春期的时候,爸爸因疾病或者意外事件而去世。如果孩子在这个家庭中又不能接触到像爸爸一样的人,比如爷爷、舅舅、叔叔、伯伯,他们也不能给予孩子欣赏、赞美、肯定、认同的话,孩子就找不到一个能让他信任的人做他的权威者,这时妈妈作为权威者的力量又不能很好地补充进来的话,孩子在"立"这个部分的成长和发展上就可能出现滞后或者停滞。

然后,孩子会在现实的关系里寻找一个权威的替代者。这个替代者因人而异,有的孩子会选择老师作为权威者。所以,老师成为学生心中重要的人是非常普遍的。如果老师的确发挥了像爸爸一样的权威功能,那么,这就会推动孩子在这个部分的补偿发展。如果老师不知道，或者知道了也没有发挥权威功能的话，孩子又找不到其他权威者，那么，孩子在"立"这个部分的发展就会延后，孩子就会没那么自信，或者没那么有力量。

第二种情况是家庭里有爸爸，但爸爸仅是形式意义上的。如爸爸因为工作关系常常不在家，父母两地分居；或者爸爸是特殊职业，比如军人、野外工作者或特殊工种人员，不常回家；或者爸爸因离异、疾病等，不跟孩子在一起：这些都属于形式意义上的爸爸。换句话说，这样的家庭存在爸爸的角色，但缺少爸爸的功能。因此，我们常常把它归为所谓的没有爸爸，或者不能发挥爸爸功能的这种情况。

如果因父亲去世、父母离婚导致爸爸不在孩子身边，妈妈要创造条件给孩子寻找新的权威者，比如，由妈妈成为新的权威者，对孩子进行欣赏、赞美、肯定、认同。当这部分补充进来后，孩子进入青春期，"立"这个部分也会扎实、稳定地发展起来。

如果爸爸的确是有客观原因不能与孩子每天相见，更不能及时面对面地对孩子表达欣赏、赞美、肯定、认同的话，我们希望爸爸可以通过网络视频、电话、语音等现代科技手段，间接地对孩子表达关怀和重视，以弥补孩子心中的缺憾。

还有一个问题需要家长们核查。就是当看到一个孩子不够自信、不够有力量的时候,家长应反省在教育孩子的过程中,是不是常常用孩子不喜欢的方式来对待他。你了解孩子,你就会发现,其实孩子内心最害怕的就是家长的严苛、严厉、高要求、高期待,或是用指责、惩罚,将他与别人比较,甚至以羞辱的方式来对待他。

家长用这样的方式管教孩子,从心理成因上看,那是家长过往成长的印记在作祟。也就是说,如果家长在自己小时候没有得到及时的欣赏、赞美、肯定、认同,或者自己有被指责、被打骂、被惩罚、被比较的成长经历,当你的孩子进入青春期后,你也有极大可能不会用欣赏、赞美、肯定、认同的方式来对待你的孩子。有时,你也许会下很大的决心说,今天我要夸夸我的孩子,因为我的孩子考进了班级前三名,或者比赛拿到奖牌了,甚至你都想好说辞了,但是在面对孩子的时候,你就是说不出口。这就意味着,家长在他自己的儿童期和青春期,很少得到权威者对他的欣赏、赞美、肯定、认同。所以,家长们要先学习接纳自己做不到或者做不好的事,但不要灰心、气馁,要一点点地尝试。如果你真的能做到的话,你对孩子的积极影响就会立竿见影,你就会看到一个站得住、站得高、站得稳的孩子。

也许有的家长会问,如果爸爸以前没有做或者做得不够,现在可以补吗?又要怎么补呢?

我想告诉大家,孩子时刻都在等待着父母给他们爱,只要父母是由衷地、真心地爱他们，什么时候给，孩子都会接收的。孩子时刻都会给父母机会，儿童期没给，孩子会等到青春期；青春期没给，孩子会等到青年期。只要你给他们爱，孩子就会接收到。父母之前没做，现在开始做，一点儿都不晚，只是现在做的时候会有些难度。第一，孩子会不习惯。第二，孩子会不相信你。孩子会觉得，以前爸爸总批评我，怎么现在突然心平气和地跟我说话了？但是，父母夸奖变多了，孩子就会接收到你给他的这些心理营养，这些营养会滋养亲子关系、疗愈生命。

有的父母又要问了，要做多久才会有效果呢？做多久，是由孩子的自信度决定的。孩子内在的自信和力量发展起来了，父母做得就够了。孩子内在的自信和力量没有完全发展起来，就说明父母做得还不够，还需要继续做。

我们在咨询中还会看到一种家庭，爸爸的功能是在的，也是孩子的权威者，但是爸爸和孩子的关系不好，和孩子沟通有困难，这该怎么办呢？

如果是这样的情况，就需要先修正父子的沟通模式。这时一定要请第三方介入，要么请专业的心理老师，要么找孩子学校的老师，或者是请家长孩子都信任的人来沟通。若所请的人不够专业，或不是家长和孩子都信任、觉得安全的人，就会让沟通越来越尴尬。权威者应在确保没有情绪时，才对孩子表达欣赏、赞美、肯定、认同。

第三节　自——发展自我

> 孩子对父母的认同 / 孩子的同一性发展 / 老师对孩子的认同 / 孩子的朋友圈 / 父母的自我成长

接下来我们讨论独立自主中"自"的发展。

前面我们讲到"独",指的是与妈妈的心理分离,妈妈是妈妈,我是我;"立"是从爸爸的角色、功能发挥来看,孩子立得住,立得稳,立得有力量、有自信。所以,孩子的独立既取决于妈妈,又受到了爸爸的影响。孩子到了"自"的发展阶段,就开始指向"自己"或者"自我"了。

当一个孩子进入青春期,个子快赶上爸妈了,体重也在不断增加,头围尺寸也接近成人水平,我们可以看到孩子外在的生理发展已经相当于成人了。这个时候,孩子急切地想从爸妈眼中"孩子"的形象中挣脱出来,成为自己。

那么,孩子的"自己"和"自我"是怎么发展起来的?"自"又和前面的"独"和"立"有着怎样的关联呢?

这时,父母需要核查的第一件事是,在孩子成为自己、发展自我这两个部分中，父母做了什么。这里既涉及爸爸，也涉及妈妈，是爸爸、妈妈共同的角色和功能，带给孩子发展的结果。这个结果就是，孩子内心是否知道"我是个怎样的人"，以及"我要成为怎样的人"；孩子是否知道"在我的生命中，有多少是和妈妈相似的，又有多少是和爸爸相似的"，以及"我继承了爸爸、妈妈哪些优点，又有哪些不足"。

孩子是怎样知道他就是他自己的呢？这里很重要的一点就是孩子是否被"认同"。如果孩子成长中每一个环节都获得了认同，孩子进入青春期后，就会慢慢发展出"自我"，或者就能够成为他自己。否则，孩子的心理发展就会滞后。

那么，孩子的"认同"是怎样发展起来的呢？我们再回顾婴儿期、幼儿期、少儿期孩子的发展。当孩子出生的时候，最需要的就是妈妈的认同。如果妈妈每天看着孩子，抱着孩子，用母乳喂养孩子，并常夸孩子，如对孩子说"你好可爱，我特别喜欢你，你的眉毛长得好看，像爸爸，你的眼睛长得好看，像妈妈"，等等，孩子就会收到"我是可爱的，我是被爱的"这些信息，孩子也就知道了自己哪里像爸爸，哪里像妈妈，妈妈的认同就实现了。

孩子渐渐长大，其抓握能力、语言能力、站立能力、行走能力都在发展，并学会说单字、说词、说句子了。而后又会跑，发展出了攀爬能力，此时孩子的认同就从妈妈逐步转向爸爸。

在孩子的成长过程中，爸爸可以告诉孩子，每一次看到孩子各项能力发展起来的时候，都觉得特别开心，并且告诉孩子哪一项能力像妈妈，哪一项像爸爸。如果爸爸坚持做到了这些，孩子就会把从婴儿期到幼儿期、从儿童期到青春期的每一种能力的发展，从爸爸的眼睛里、语言中、表情上加以固化，形成自己的资源和优势，吸收到自己的生命里。特别是当孩子的逻辑思维发展起来，并且拥有了独立的见解和想法后，当一项一项新的技能发展起来时，比如游泳、跳高、跑步、打篮球、踢足球、滑滑板等，孩子会越来越清楚自己哪方面像爸爸，哪方面像妈妈，然后他就会综合形成对自己的认识和评价，原来我和爸爸是不一样的人，我和妈妈也有很大的不同。继而，孩子会识别出他遗传了爸爸哪些脾气、秉性，传承了妈妈哪些特质、兴趣和爱好，最后形成属于他自己的人格。

孩子进入青春期后，会从一点儿一点儿的对位和识别中建立起"我已经成了一个独立的我，而这就是我"的"自我"概念。同时，孩子会把"自我"的概念延伸到和同年龄段的其他孩子的比较中，看看和他们的共性能力是什么，而个性特征又是什么。

发展心理学中讲到，一个孩子自我的发展和一个孩子的同一性发展相关。同一性就是指一个孩子在群体当中（比如有30个人、50个人，或者几百人、上万人），其发展是否具备这个群体的发展共性。当这个共性发展出来时，再看孩子有没有发展出共性中的个性。所有的个性都是在共性基础之上发展出来的。

如果父母在孩子不同的发展阶段，对孩子进行了分阶段认同，孩子就会越来越成为他自己。随着孩子的社会化发展和教育程度的不断提高，孩子就会进行更多的整合，对自己没那么喜欢的事情关注度越来越低，对喜欢的事情关注度越来越高，会让自己成为一个和他人不一样的个体。

父母还要核查，在孩子同一性发展的过程中，孩子的发展是否和其他孩子在普遍性上是一致的，而在个性上是不同的。如果这个部分的发展存在差异，就要核查老师的认同是否到位了。孩子在获得父母认同后，便开始离开家，接受社会化发展的挑战和检验。孩子逐步接受幼儿园教育、小学教育、初高中教育以及大学教育，最后进入社会开始工作，这是孩子社会化必经的阶段。所以，孩子的社会化认同非常重要，尤其是其小学和初中教育阶段老师的认同。

我常常看到一些现象，就是每个家长都想让孩子跟老师处好关系，有的是想让孩子当班长，有的是想让孩子的座位调到前排，有的是想让孩子在学校能够争取各种各样的资源。其实，我觉得家长不如把精力放到老师对孩子的认同上。我们可以想象，一个孩子从早晨7点离开家去学校，到下午4点、5点，或者6点才回家，孩子在学校常常待八九个小时，甚至更多。在这段时间里，孩子会时时刻刻看到老师。

所以，无论是班主任老师，还是任课老师，都对学生十分了解。我们希望家长与老师建立关系，看老师能否把认同带给孩子，并通过老师来了解孩子。孩子的学科优势是什么？孩子的思维优势是什么？孩子在学校的兴趣爱好是什么？孩子的人际关系怎么样？如果这样问老师，老师会告诉你，孩子在整个班级或者整个年级中，其共性的发展能力和发展水平，以及孩子的个性发展特点。这样可以让家长多维度地了解孩子，以弥补家长对孩子了解的不足。

当然，我们也希望老师对学生的评价，不仅通过期末学生手册的操行评定反馈给学生，还能够面对面告诉学生其在群体中的共性能力以及个性特征。老师能够把对学生的评价落到具体学科上，是最好不过的。老师这样做对学生成为他自己是非常有帮助的。对于学生来说，获得老师的认同就相当于获得权威的认同。老师对学生的一次认同，足以影响学生的一生。

父母需要核查的第三件事是，除了看孩子青春期共性的发展是否符合同一性发展要求外，还要看孩子在个性的发展上有怎样的表现。就是孩子是否有朋友？在朋友眼中，孩子是个怎样的人？这就涉及青春期孩子发展中的同伴认同了。

孩子怎样看待自己，怎样看待自己和同学、伙伴、邻居、同龄的兄弟姐妹之间的异同，都取决于同伴认同。同伴认同是指孩子在交朋友的过程当中，从朋友那里获得他是一个怎样的人的认同过程。孩子交朋友，与人联结，是孩子的天性。孩子从上幼儿园开始，就有交朋友的意识了。

孩子每天从幼儿园回来，就会说："我今天又有新朋友了！"孩子到小学也是一样，有的家长就会问："你有没有好朋友？你有几个好朋友？"到了初中，孩子更加看重朋友。家长需要关注的是，孩子常常跟哪些人交朋友，比如，是同班同学，还是隔壁班同学？是同一年级的同学，还是不同年级的同学？是同校的，还是不同校的？是现实的，还是虚拟网络的？是普通人，还是明星？

家长除了关注孩子的朋友圈外，还要关注孩子喜欢朋友带给他怎样的评价，以及朋友的哪些特质。如果孩子能够明确地表述出来，比如，朋友喜欢我聪明，喜欢我说话幽默；我喜欢朋友真诚、勇敢、大气。如果是这样的话，孩子内心那个独特的自我就通过同伴认同发展起来了。

孩子进入青春期后，同伴认同的顺序是先完成同性同伴的认同，也就是说，男生找男生，女生找女生，而后才发展成为异性同伴的认同。

有的孩子在初一，或者初二以后，就显现出不同了。男生喜欢女生，女生喜欢男生。如果家长不理解的话，就会认为他们早恋了。其实，这是错误的。孩子是要在这个过程中完成同伴认同，而这个同伴认同会让孩子更好地成为他自己，也就是心理学上所说的自我发展越来越具有确定性。

男生知道男生喜欢他什么，接下来他也想知道女生喜欢他什么。而家长对孩子"早恋"的误读，对于孩子的自我发展是不利的。家长要学习如何推动孩子的自我发展。如果是男生，家长可以问他，你喜欢女生什么，女生又喜欢你什么呢？如果是女生，就可以问有没有男生喜欢你，如果男生喜欢你，他会喜欢你什么？如果孩子能够表达得清楚，孩子的自我发展就慢慢完成了。

孩子逐渐整合父母、老师以及同伴对自己的认同，就会了解自己的性格、脾气秉性、兴趣爱好、语言动作、行为运动等方面的特质，就会知道，我就是我，不是张三，也不是李四。孩子就可以在共性的群体当中脱颖而出，成为他自己了。

如果孩子发展顺利，到18周岁时就完成了自我认同。心理学常问的"我是谁"，就是指一个青春期孩子的自我发展目标，到18周岁的时候，他就完成了同一性的发展，也叫统一性的发展，他知道自己是怎样的人。这时，一个孩子进入青春期关于独立自主的"自己"或"自我"的发展就完成了。

有的家长会问，如果一个孩子的"自我"没有完成，会有什么表现呢？答案是，这样的孩子对未来没有目标，没有方向。你问他喜欢什么？他会说不知道。将来想学文科还是理科？他也说不知道。要考什么大学？他还是说不知道。他会出现一段迷茫、困惑的时期。如果发展得好，孩子就不会迷茫、困惑，而会非常清楚自己的理想、方向和目标。

所以，在这里，我们需要请家长核查的最后一件事就是，当孩子出现这样的问题时，家长需要回过头来问自己，是否完成了自己的"自我"部分的发展。你知道你的共性能力和个性特征是什么吗？你现在的发展目标、发展方向明确了吗？你对自己的脾气秉性、人格、性格又了解多少呢？如果对于以上问题，你的答案还不明晰，或者还没有完成"自我"部分的发展的话，在很大概率上你是不能推动孩子关于"自我"的发展的。

因此，如果家长还没完成"自我成长"，就需要走进心理学工作坊完成这个部分。家长一旦把这部分知识补充完整，就可以迅速帮到孩子。如果家长暂时没有能力帮到孩子，就要请专业人士来做，比如，学校如果有好的老师，可以借助学校的力量；学校没有，就可以寻找社会资源，由专业人士帮助孩子完成自我成长。

第四节　主——我要做主

> 金钱 / 交友 / 时间 / 空间 / 服饰 / 隐私

之前我们讲到，"独"就是一个孩子不但与妈妈实现身体上的分离，而且与妈妈实现心理上的分离，即让孩子成为孩子，让妈妈成为妈妈，解除"母婴一体化"的一元关系。"立"，主要涉及爸爸的功能发挥得怎样。其包括能否让孩子站得住、站得稳、站得挺拔、站得更加有自信，内在更加有力量，并且更加勇敢、更加坚强。

关于"自"，心理学叫"自我"，和我们常常说的"自己"，其实都是一个意思。孩子如何成为他自己呢？这就和孩子从出生到青春期的成长过程中，来自妈妈、爸爸、老师、同伴的认同有关。当这部分认同足够多的时候，孩子就知道"自己"了，即知道自己是怎样的人，也对自己的性格、脾气、秉性、优势、劣势等有清晰的认识。这个时候，孩子也就完成了心理学关于"自我"的命题，即"我是谁"。从此，孩子便能够厘清"我就是我"、"你眼中的我"和"他眼中的我"。

这一节，我们要讨论独立自主的"主"的发展了。青春期的孩子，在独立自主的"主"上要发展什么呢？顾名思义，这个"主"就是"我要做主"。也就是，我要说了算，我有自己的主见，我有自己的选择和决定，你不要干涉我，而要尊重我。

很多家长常常问我，如何让孩子做主呢？如果将权利和界限放大，怕孩子出事；缩小，孩子又觉得不过瘾。所以，这个分寸很难把握。我要问的是，关于"主"的发展，家长对孩子究竟有多少了解，家长又对自己有多少了解？这也许与家长的安全感和对孩子的信任感密切相关。

我们常常遇到的问题是，孩子希望自己说了算的时候，家长恰恰不让他说了算，于是，担心、顾虑、紧张、害怕，一大堆的理由都出来了，而这部分就与家长的安全感有关。但对孩子来说，他一旦想说了算，就不希望家长干预他，不希望家长代他做决定，不希望家长对他放心不下。

所以，"独立自主"这四个字的发展，这个"主"一定要建立在前三个发展的基础之上。换句话说，如果前三个发展没到位，孩子到做主的发展阶段会常常表现出，他非常想做主，但又不想承担做主带来的责任，常把责任归咎于他人。

青春期的孩子，一般希望在以下几个方面做主：

第一，孩子想在钱上做主。这是青春期孩子非常鲜明且突出的一个特征。

在当下的家庭，几乎每一个孩子都有钱，甚至有很多钱。他的钱从哪里来呢？无外乎从过年的压岁钱，生日、节日收到的祝福红包，以及考出好成绩获得相关奖励而来。这些钱有的来自爸爸妈妈；有的来自爷爷、奶奶和外公、外婆；有的来自其他亲戚。我发现，每个孩子拿到这些红包的时候，都是非常开心的，孩子收到的是单纯的快乐和喜悦、祝福和奖励。孩子天然地认为这些钱就是属于他们自己的了。但对于有些家长来说，也许就没有那么"单纯"了，因此，在钱的归属和支配上，就会与孩子产生一些矛盾和冲突。

有的家长会对孩子说，你现在还小，这些钱都要给爸爸妈妈管；有的家长说，别人给你的钱都冲着爸爸妈妈的面子，这个钱不是给你的，是给爸爸妈妈的，爸爸妈妈要还礼；有的家长甚至会说，连你都是爸爸妈妈的，你的钱自然就属于爸爸妈妈了，等等。但是，当孩子听爸爸妈妈这样说时，就会反驳，爷爷、奶奶给我的钱，难道也是你的吗？哥哥、姐姐给我的钱，难道也是你的吗？姨妈、姑妈给我的钱，难道也是你的吗？这些矛盾会让孩子在金钱管理方面产生困扰。因为，钱对于青春期的孩子来说，是彰显社会化发展的重要标志，里边凝结着信任、尊重和人际交往的重要发展议题。

首先，家长恰当的做法是要让孩子有知情权，也就是要告诉孩子，当年收到多少人给的多少压岁钱。然后，家长要告诉孩子，这些压岁钱里有多少是属于你的，有多少是以你的名义但实际上是别人跟爸爸妈妈的礼尚往来的。属于你的那部分，如家里的长辈和亲戚给的压岁钱，是因为大家爱你，希望你能健康、快乐地成长而给你的，这些压岁钱是一种爱的表达。当孩子听到这些话的时候，孩子就清晰地知道爸爸妈妈在钱上的界限，会觉得爸爸妈妈把他当成大人，而不是孩子看了。从而，他既成了钱的主人，又得到爸爸、妈妈的尊重和信任。

其次，家长要设定孩子支配钱的权限。这一点对于孩子来说很重要。"权"是权力，每个孩子都希望有自己管钱、自主花钱的权利。"限"是限制，是界限，是对孩子可以管多少钱、如何花钱的限制，这一点更加重要。家长要让孩子知道，管钱和花钱都会随着年龄、智力和成长经验的变化而变化。这样，孩子在做钱的主人时，才能知道怎样花、花多少、花在哪儿、花给谁，从而大大提升自己的金钱管理能力。

最后，家长要给孩子单独办理存折或者账户，即使不能以孩子的名字办理，也要让孩子知道哪个以爸爸或妈妈名字办理的银行账户是属于他的。或者单独给孩子配置一个属于他的储蓄罐或小钱包，让孩子把自己心爱的压岁钱装在里面。这样，孩子就会迅速有了权力感和获得感。

孩子常常很开心地跟小伙伴或者家人分享，我的存折上有多少钱了，我的银行卡里有多少钱了，或者我的小钱包里、小储蓄罐里又有多少钱了，等等。这对孩子来说，有一种心理仪式的象征意义，昭示着孩子从无权力幼稚期，走向有权力支配期的社会化成长。另外，家长还要在孩子花钱方面给孩子建立规则。

对于上小学高年级的孩子，家长要确定一周花钱的数额，以及是一次给，还是分次给。然后，家长要告诉孩子这些零花钱由他自己支配，如果一天花完了，以后就没得花了。如果这次孩子没有花完，还有节余，家长下次照样如数给。

如果家长这样跟孩子讲清楚的话，孩子就会为他的钱负责。如果这些钱没花完，家长可以帮他存到存折或者银行卡里。一年内产生了多少利息，也要告诉孩子，孩子也会在收获利息中获得快乐。这样就让孩子建立了一种钱的概念，让孩子明确了钱的所有权与支配权，这对提升孩子的金钱管理能力是非常有帮助的。如果家长没有对孩子进行金钱管理的教育和引导的话，孩子就会认为，我的钱都属于我，你花就不行，你花了，我就跟你急，或者花钱无节制，大手大脚，没有计划。

第二，青春期的孩子，想在"交朋友"上说了算。

你允许你的孩子以自己的方式来结交朋友吗？如果你允许的话，就推动了孩子在社会化发展过程中同伴关系的发展。

孩子进入青春期后，无论男孩还是女孩，在关系的发展上会出现一系列的新变化。

第一个变化就是跟妈妈关系的变化。这个变化也是共性的变化，即孩子进入青春期，表现出越来越对妈妈反感，厌烦妈妈，甚至是嫌弃妈妈，而在关系上越来越想与妈妈疏远，甚至隔离。

青春期的孩子之所以有这个变化，和我之前讲过的独立自主的"独"这部分有关。孩子想要独立自主，成为他自己。在进入青春期后，孩子的身高、体重等各个方面都快速发展，他认为自己已经长大了，所以就不会再像过去一样，妈妈说什么就是什么，一味地做乖乖仔、乖乖女，他想成为他自己。所以，他首先冒出来的想法就是把妈妈从心理上推出去。

他们要推出去的是什么呢？那就是妈妈的唠叨，妈妈的替代、包办、不信任和担心，以及妈妈的心理捆绑和束缚。这是孩子的成长动力在驱使他，要他跟妈妈实现心理分离，从而实现自己说了算的重要目标。孩子想自己说了算，就是想对妈妈说，你别管我那么多的事儿，你别总唠叨我，你别总担心我，你别再替我做那么多事儿，别把我当小孩儿，这些都让我很烦。

如果不了解孩子的心理发展阶段，很多妈妈面对孩子的这些情况，就会认为是孩子变了。有的妈妈会认为孩子跟她疏远了；有的妈妈会失落、难过；有的妈妈会觉得不开心，并且纳闷，甚至跟孩子赌气；有的妈妈会疑惑，孩子怎么突然就变了，变得我有点儿不认识他了；有的妈妈会说，孩子昨天还跟我在一起睡呢，怎么今天就突然变得这么烦我了呢？

这就是青春期的孩子在关系上的一个变化。

第二个变化是想拉近和爸爸的关系。

青春期的孩子在把妈妈推远的同时，希望和爸爸拉近关系。这是因为他不想再让妈妈把他当成小孩儿一样来对待，他希望爸爸为他确立目标、指引方向，为他指点迷津，让他从迷茫、困惑中走出来。随着孩子认知的发展，其探索世界、探索自我的意识逐步增强，这个时候就需要权威的力量了，而爸爸的权威力量是不可替代的。

孩子很愿意跟爸爸谈谈宏观思考，让自己有更好的思维发展；孩子很想跟爸爸谈谈国际、国内大事，让自己拓宽视野；孩子很希望跟爸爸谈谈人生理想、社会价值以及民族情怀，让自己有更加清晰的发展方向。而这些是很多妈妈不能及时满足孩子的。因为妈妈是女性，爸爸是男性，女性和男性的思维发展各有不同，所以思维发展的理性部分就需要由爸爸来补充。因此，孩子进入青春期的时候，就更加希望爸爸能把理性的、宏观的思维、视角、视野，包括未来的规划带给他，这样会越发推动孩子从半幼稚期向成人期的过渡。

所以，爸爸跟孩子是不是常住在一起，这对于孩子来说不是那么重要。重要的是，爸爸能够在孩子最需要的时候彰显权威的力量，并给予权威的指引。只要爸爸能够给予孩子这些东西，哪怕爸爸只说过一次，孩子也会全记住。体现在孩子的未来发展方面，孩子的发展目标就会更加清晰，方向就会更加明确。所以，爸爸的力量不可或缺。这个时候，妈妈如果明白这些的话，就会自动退后。

第三个变化是青春期的孩子越来越在乎发展同伴关系，也就是朋友关系。

青春期的孩子的同伴关系有两种，一种是同性同伴关系，一种是异性同伴关系。这两种同伴关系都会让青春期孩子发展出"自我"，也就是成为他自己。孩子在青春期发展过程中，会通过同伴关系自然获得"我是一个怎样的人"的概念。他们很在乎男生怎么看自己，或女生怎么看自己，因此，同伴关系是孩子在青春期重要的关系。

同伴关系发展得是否顺利，首先取决于孩子与父母的关系是否发展到位。如果妈妈做得合适，爸爸做得恰当，孩子就自然而然学会了如何选择朋友、如何交朋友。这是非常考验父母的内在安全感的。如果父母的安全感不足，有时孩子交朋友是不被父母允许和信任的。有的妈妈或者有的爸爸常会问孩子:"你有几个朋友啊?你的朋友是好孩子还是坏孩子啊?你可千万不能跟坏孩子在一起哦!""如果你有朋友,要告诉我你那个朋友叫什么名字,是男生还是女生,是同班的还是不同班的。"有的父母甚至还会问孩子,"你认得朋友的爸爸、妈妈吗?他爸爸、妈妈人品怎样,是否有正当工作?"等等。

很多家长这样做,实际上是把孩子交朋友的权利给剥夺了,而这些仅仅是父母关于交朋友的一些个人观点,并不能对孩子交朋友起到引导作用。

其实,对于青春期的孩子来说,他们非常希望父母把交朋友的权利还给他们,并对他们表示放心和支持。因为每一个孩子都要在社会化发展的过程中接触不同的社会群体,包括所谓的好人、坏人、好孩子、坏孩子。青春期的孩子希望自己在接触这些群体的过程中,用他的视角、他的才智、他的思维方式、他的过往经验,以及他从父母身上学来的识别经验,去判断哪些是铁杆朋友,哪些是好朋友,哪些是普通朋友等,而不是由父母直接代替孩子作判断。如果父母参与其中,就制约了孩子社会化人际交往的发展。

父母需要推动孩子建立和发展主动交朋友的意识。要常常跟孩子核对他是否交到了好朋友,可以问孩子交到了几个好朋友,当孩子愿意告诉你的时候,你再问他:"你为什么喜欢他，他又为什么喜欢跟你做朋友？"到青春期后期，比如上初三或者高中了，如果孩子说喜欢上了某个异性同学，家长也要问孩子，你为什么喜欢他？他身上的哪些特质是你喜欢的？他喜欢你吗？你身上哪些优势是他在乎的？这样做就推动了孩子在同伴关系上的发展，让他在交朋友方面更加明确自己的需要。

当然，如果孩子在青春期时和父母关系没那么好的话，孩子就会用同伴关系来替代父母关系。

第三，青春期的孩子想在"时间"上说了算。

青春期的孩子想在时间上说了算，无非表现在几点起床、几点吃饭、几点洗澡、几点做作业、几点出去玩、玩多长时间等。如果父母懂得健康养育，孩子就可以早早在这些方面自己说了算。然而事实是，仍然有一大批孩子，无论上小学四年级、五年级、六年级，还是初一、初二、初三，或者是高一、高二，甚至高三，还在被父母叫着起床，催吃早餐、午餐、晚餐，甚至催促洗澡等。

其实，孩子一旦进入青春期，就自然而然地产生了在时间上说了算的想法。但是，当孩子想说了算的时候，有的父母就会反问："让他说了算，他能做好吗？他一玩儿就忘了写作业，你让他独立写作业，他就磨磨蹭蹭，一直写不完，甚至到深夜12点还没写完，你说我不干预能行吗？"

如果孩子确实不能做好时间管理，父母就要回头找原因了。

一、孩子在0~3岁时，妈妈或者是替代性的妈妈，比如奶奶、外婆、保姆，有没有帮孩子建立起一个良好的生活习惯。如果没有，孩子就会一直有依赖心理，直到他进入青春期，这种依赖心理还会存在。所以，当孩子进入青春期时，他的内在会有两个部分在打架，一个部分的他想自己说了算，但另外一个部分的他说了又不算，这两部分相互冲突，就会让很多父母焦虑，甚至生气、愤怒。

二、如果你的孩子出生以后，不是由你亲自带，而是由老人带，那就要看你和老人之间对孩子生活习惯的培养是不是一致了。如果不一致，孩子在进入青春期后就会受到影响。他想说了算，却说了又不算。所以，你仍然要叫他起床，叫他吃饭，叫他洗澡，叫他写作业，玩的时候也要盯着他。

但是，每个孩子又都希望自己说了算，不希望父母催促，而很多父母却说"我不催你，你就迟到了"等。所以，在这里我想提醒父母，没有任何一个孩子不想好好成长，也没有任何一个孩子故意迟到，谁也不想被老师叫到教室前面站上10分钟或者半节课，从而丢了面子。

如果父母认为不叫孩子起床、吃饭等，他就会迟到，那就是过度担心了。如果父母充分信任孩子、尊重孩子，也许孩子慢慢就会培养出一个新的习惯。但是，孩子培养出一个新的、自主的、自觉的、自律的习惯，是需要时间的。在孩子进入青春期后，培养一个新的习惯，至少需要3个月。长一点儿也许需要半年。如果有的孩子一直生活在单亲或者重组，甚至留守家庭里，要让他改变一个不良习惯，可能需要3年，甚至更长的时间。

第四，青春期的孩子想在空间上说了算。

空间指的是什么呢？孩子进入青春期后，他的第一个空间就是他自己的房间。很多父母说："我的孩子怎么突然就变了？他一回到家就迅速把自己的房门关上，甚至锁上，不让我们进。"有的父母说："孩子一旦锁上自己房间的门，我们就会在门外听孩子到底在里边干什么。"有的父母甚至在孩子的房间装上了监视器或者窃听器。其实，父母的这些做法都是不懂孩子的表现。

孩子的房间是孩子心理空间的延伸。孩子希望的是，房间是他的，他自己是房间的主人，所以，他的房间他说了算。至于里边像猫窝、像狗窝，也都由他说了算，而不是父母说了算。父母进来之前要敲门，在征得孩子的同意后才能进来。孩子在这个阶段要的是尊重和界限。我在很多地方讲课时，听到有家长说："我的孩子正式跟我讲，'妈妈，我只对你提出一个要求，就是进我的房间要敲门，没经过我的允许，你不能进来。如果你能遵守这样一个约定，我就会尊重你。否则，我们的关系就会变得不好'。"

青春期的孩子想在空间上说了算,这是因为青春期的孩子私密性发展的需要。随着第二性征的发展,孩子的身体发育越来越趋于成熟,其性心理发育自然也会伴生发展。他会关注自己的身体器官发育,也会关注其内在的性心理变化。特别是在与异性相处时,更是会感到好奇,也有了很多新奇的变化。他不再是过去的那个孩子,而是已经成了我们所说的"半大孩子",他开始在乎自己的隐私了,他的房间是唯一能让他释放"隐私"的地方。

孩子的隐私,既包括外在的隐私,也包括内在的隐私。父母如果懂孩子,就要允许孩子自由管理和支配自己房间里的所有东西。我听到很多妈妈说,当孩子上学以后,妈妈便以帮助孩子整理衣物和床被为名,进入孩子的房间,翻看孩子各种各样的东西,孩子回来以后,发现房间里的东西被妈妈动过,就会很反感。很多妈妈不厌其烦地做这样的事儿,孩子也一次又一次地表达过他的愤怒,但妈妈仍然继续那样做。

所以,妈妈对孩子有更多的了解和尊重的话,就会让彼此的关系发展得更顺畅。

孩子的第二个心理空间就是日记。

很多父母总喜欢看孩子的日记,想了解孩子有没有跟别人谈恋爱,有没有干坏事,有什么隐私。孩子也同样很反感。很多孩子甚至把自己的日记本上了锁,但是有的妈妈把锁给撬开了，非要看。这就会引起亲子关系的冲突。孩子写日记，是在记录自己的成长，这是孩子探索世界、探索自己的重要方式。小小的一本日记承载的是孩子对这个时代、这个社会、这个世界里的人、事、物的观点和看法。

日记里写了什么，当你们的关系足够好的时候，他自然会跟你讲。当你们的关系不够好的时候，父母就不要偷看孩子的这些东西。从日记延伸出去，还包括孩子的电脑、手机等。很多家长希望看到孩子跟谁聊天，聊了什么内容，给谁发邮件了，邮件中有没有不当的语言，有没有收到一些不该收到的内容等。这些都是很多妈妈关心并且担心的问题。父母如果处理不好这些问题，就会跟孩子发生冲突。孩子希望这些都由他自己说了算，孩子常常说："我的电脑我说了算，我的手机我说了算，我的微信我说了算。我的QQ我说了算，我的邮件我说了算。没有经过我的允许你不能看。"

所以，孩子防止父母偷看的方式就是不断地更改密码，一次又一次在朋友圈屏蔽父母，不让父母看见自己的日常动态。

对此，父母不必过于担心，只要给予孩子适当的指引就够了。

第五，青春期孩子还想做主的，就是穿戴什么样的服饰，或者使用什么样的文具。

在孩子小的时候，往往是妈妈带着孩子买衣服。但是，孩子一旦进入青春期,他就想自己去买衣服,妈妈只负责给钱就行了。很多父母常常认为孩子看上的衣服要么就款式另类,要么颜色不合适,但是孩子自己却很喜欢。孩子常常说,你们根本不了解我们喜欢什么样的衣服,你们的眼光太过时,我要买时尚的、新潮的、酷炫的;我要买和其他同学一样或者类似的;我要买跟其他同学不一样的,独一无二的。其实,孩子是想通过这些来展示他独特的审美。这个问题也会延伸到文具、书包、电子产品,特别是鞋子上,这些孩子都想自己说了算,而不是让父母替他做主了。

所以,如果父母懂孩子,就要把这些选择权交给孩子,孩子也会在这个过程中变得更加有主见、更加有判断力,并能够提出支持自己选择的理由,同时又能够为选择负起责任。

综上所述,我们完成了对有关孩子青春期的第一个发展主题——独立自主的学习。孩子发展顺利,到了18周岁的时候,就可以成为一个完全独立自主的人了。但是,我也要提醒各位父母,因为个性发展的关系,有的孩子的发展也许会滞后,他会延后到20周岁或者25周岁才完成独立自主的心理发展,这也属于正常的现象。

第三章 | 青春期的第二个发展主题 ——个性与独特

青春期的孩子的第二个发展主题是个性与独特。

什么是个性？什么是独特？这些都是从前面所讲的"独立自主"主题发展而来的，也就是说，在一个孩子完成了第一个发展主题"我成为我自己，我知道我是怎样的人"后，接下来他就自然过渡到第二个发展主题了。

第一节　个性——作为独立个体的独特性

> 避免性别困扰 / 性别的同一性 / 孩子的天性 / 怪诞的语言和行为 / 与自由、死亡等相关的存在感

个性的"个"，对应的是独立自主的"独"和"自"，是父母看到孩子身上凸显出来的作为独立个体的独特性。孩子常常问："我和别人是不是不同的？我是这个世界上独一无二的生命吗？"这些都是在回答"个"的问题。我们常常

用世界上没有两片相同的树叶来比喻独一无二的生命，这也属于"个"的范畴。我们也常说，龙生九子，九子各不同。即使是同卵双胞胎，也各有各的不同。这都是从不同侧面表达的个体维度。因此，父母需要遵循孩子的个体差异，而不是趋同养育，或者按照自己期待的方式养育，要让每个孩子成为他自己。

个性的"性"，里边包含很多层含义。

第一层含义是指"性别"。

每个孩子一出生，就带着生理性别来到了这个世界。父母会迅速区分出孩子是生理男性，还是生理女性。但是，父母在养育过程中，往往让孩子在心理性别上产生很多困扰。一个孩子出生以后，如果是男孩，很多父母就特别开心，如果是女孩，就开始皱眉头了。或者情况相反，生了男孩，有的父母却没那么开心，他们希望是个女孩。父母对孩子性别的态度会直接影响孩子的性别认同。

每一个孩子，无论是男孩，还是女孩，都有权利被爱，也都有权利被父母以及其他人没有歧视地、平等地爱护。父母需要核查的是，当一个孩子出生以后，父母是否对孩子的性别持有平等的态度，特别在孩子的婴幼儿期，孩子是否感知到无论我是男孩还是女孩，父母都是爱我的，都是喜欢我的，我是受欢迎的。如果不是这样的话，孩子的心理性别就会受到影响。

比如，有的爷爷看到孩子会说，如果你是男孩就好了；有的爸爸会说，如果你是男孩，我们家就可以传宗接代了。当女孩听到这样的话，她会想，如果我是男孩，爷爷、爸爸这些权威者会不会更重视、更关爱我呢？因此，她在社会化发展的过程中，就会有意无意地让自己从生理女性向心理男性过渡，于是，她的性别认同过程就会受到影响，甚至会出现混乱。然后，当她上幼儿园、小学、初中、高中的时候，就会表现出喜欢剪短发、穿夹克衫，愿意与男孩一起玩，喜欢玩男孩的玩具，喜欢像男孩一样说话、抽烟、喝酒、打架等，久而久之，她就慢慢变成了心理男性的女孩。

有的时候，也许会出现相反的例子。如果孩子出生时是生理男性，但是爸爸或者妈妈不止一次地告诉孩子，如果你是女孩就好了，我们就喜欢女孩，将来可以像"小棉袄"一样温暖我们，呵护我们。男孩听到这样的话，就希望自己长成"小棉袄"一样的女孩。于是，在成长的过程中，他会在父母刻意的培养下，长成女孩的样子，喜欢穿裙子或者花衣服，喜欢涂脂抹粉，喜欢女孩的东西，也会模仿女孩的姿态和语气说话。时间久了，这样的男孩就会越发丧失男性的阳刚之气，而成为心理女性。

前不久，我外甥女向我咨询了他儿子的一件事。他儿子今年4岁，有一天上幼儿园的时候，跟妈妈说："妈妈，今天我要穿你的裙子上幼儿园。"然后，孩子的妈妈迅速打电话跟我说:"舅舅,我儿子今天要穿我的裙子上幼儿园,我要不要让他穿呢?"我说:"孩子的这个行为是有内在心理指向性的,你要分析以下内容。第一,这个孩子是不是不愿意离开妈妈?也就是说,当他上幼儿园的时候,他希望带着妈妈去幼儿园,而妈妈是不能跟着孩子去幼儿园的,因此,孩子只能选择妈妈的替代物,比如,带妈妈的东西或者有妈妈味道的物品去幼儿园,从而实现与妈妈在一起的目的。然后,他在幼儿园想妈妈的时候,就会从象征妈妈的这些物品中获得安慰,避免因找不到妈妈而苦恼。第二,他为什么要穿妈妈的裙子,而不是穿他自己的衣服呢?也许在幼儿园里,他会听到有的老师说,女孩漂亮又可爱,我就喜欢女孩。所以,他就想把自己变成一个小女孩来赢得老师的喜欢。第三,你要核查家里是否有妹妹和他有竞争。如果家中有妹妹,而且有时爸爸妈妈会不经意地说出更喜欢妹妹的话,他也会从内心希望自己像妹妹一样获得爸爸妈妈的宠爱。而当他在家里没有感受到被宠爱的时候,他就会延伸到从幼儿园的老师那里获得宠爱。"

从这个例子中可以看出,每一个孩子都希望获得父母或者权威者的欣赏、赞美、肯定和认同。如果幼儿园、小学、中学老师能够很好地发挥权威者的作用,能够对孩子的心理性别进行恰当的认同,孩子在性别上的发展就会越来越清晰,而不至于出现性别发展偏差。

还有一位家长曾问我，一个16岁的初中男孩说他自己在十四五岁的时候，开始不认同自己的性别，想要变成女孩，并出现了抑郁倾向，这位家长想知道如何与这样的孩子进行沟通。这也是涉及性别认同的问题。一个孩子性别认同的关键期在4～6岁，也就是上幼儿园的时候。孩子的性别认同主要是由权威认同决定的。那么，权威认同的第一关，就要回头来问家里说了算的那个人，要么是爸爸，要么是爷爷，有没有向孩子表达，你就是我喜欢的儿子或女儿，或者你就是我喜欢的孙子孙女等，然后再告诉孩子自己喜欢他的理由。比如，告诉男孩，我就是喜欢你的自信、勇敢和有力量；告诉女孩，我就是喜欢你漂亮、温柔和可爱。如果孩子从权威者的口中听到这样的话，孩子就会越来越认同他的生理性别，男孩会以自己是男孩而骄傲和自豪；女孩也会以自己是女孩而骄傲和自豪。当孩子到了幼儿园以后，其性别认同就会固化，不会再产生摇摆了。

回到上面提及的16岁男孩想改变性别的问题，就要看孩子在4～6岁时，有没有得到父性权威者的性别认同。如果没有，这可能是导致孩子想成为女孩的第一个原因。而另外一个原因则是，父母要看在自己的家庭或家族里面，有没有重男轻女或者重女轻男的现象。如果有，孩子在性别认同上就会出现混乱。此外，父母还要看父亲给予孩子的性别认同是否贯穿始终，直到孩子的性别认同被固化。

孩子在上幼儿园的时候，很希望由爸爸去送他。而爸爸在送他的时候，常常让他骑在脖子上或者趴在背上，这是孩子最开心、最得意洋洋的时刻。孩子骑在爸爸的脖子上，有一览众山小的感觉。我们常常说山高人为峰，孩子在爸爸的脖子上、背上，会感觉到其他人都比他矮小，或者感觉到很多人会抬眼看他。这样的场景多次发生后，孩子就会因为爸爸这样重视自己的行为而形成心理定势，也就是说，每次想到这个画面，孩子都会认为爸爸是爱他、重视他的，然后固化这些心理感受，得到身份认同和性别认同的发展。

对于那些工作繁忙的爸爸，他们不需要天天这样做，只要一周做一两次就够了，如果一两次也做不到，两周做一次，对孩子来说也是有效的。因此，关于16岁男孩想变成女孩的困扰，通过以上几方面的分析，也许我们就知道答案了。

关于青春期的性别发展，也有一些父母表达了担心和忧虑，他们会问"我的孩子会不会有同性恋倾向"。目前，有关同性恋的话题的确越来越多，"好基友"有时成了青少年间调侃的高频词，"好基友"现象在中学和大学校园中也时有发生。这个现象是值得父母认真思考和探索的。这其中既涉及性别认同问题，也涉及社会文化的导向问题。

这里可以参考之前的一个咨询个案。一个13岁的男孩就是想穿女孩的衣服，把自己打扮成女孩的样子。他在网上买了很多裙子、高跟鞋、假发、眼睫毛、乳胶义乳，等等。

妈妈一开始很疑惑，问他买的是什么，他说是替同学收的快递。有一天妈妈回来的时候，看见男孩把这些女性用品全部穿在了身上，并在镜子前照来照去。妈妈一下子晕了，不知所措。

后来，这位妈妈给我打电话，问这是怎么回事儿。我了解后才知道，原来孩子爸爸一直在国外工作，一年只回来一次，这个孩子很少见到爸爸。孩子经常跟妈妈在一起，时间久了，当他进入青春期时，在家里他只接触女性，心理性别也就趋向女性认同。所以，在孩子的成长过程中，如果没有男性的力量和权威的推动，使他成为一个向本性别认同的人，孩子在青春期的时候就会出现所谓的"异装癖""易性癖"，或者"同性恋"的现象。所以，父母需要时常检查家庭中爸爸的角色和功能是否缺失。

值得一提的是，有时性别认同也与父母之间的关系有关。父母需要核查的，一是父母关系好不好；二是妈妈是否有时过于强势、过于暴躁，或者过于严厉，而让孩子感觉妈妈像男人一样不可亲近，甚至讨厌妈妈；三是孩子是否生活在缺失爸爸的单亲家庭，从而缺少男性形象的示范和榜样的引领；四是有的妈妈擅自把孩子的姓氏改成妈妈的姓氏，这也会导致孩子在身份认同上出现偏差。

第二层含义，个性的"性"是指性别的"同一性"。

当孩子进入青春期在寻找同伴的时候，首先是男生找男生，女生找女生。随着孩子的第二性征出现，男孩的生殖器变大、变粗，开始出现遗精现象；女孩乳房隆起，骨盆变大、变宽，出现月经现象。男孩和男孩之间、女孩和女孩之间就想知道，你是不是和我一样，也出现了这些现象，特别是住校的寄宿生，男孩之间不排除有身体的亲密接触，也不排除有生殖器的接触。这些外在的表现是男孩对性别发展的好奇行为，而不属于同性恋的范畴。他们只是希望通过对方更好地了解自己，而男孩和男孩之间的这种同性性接触，有的属于偶发，有的属于频发，但从分布规律看，基本属于正常的范畴。此时，家长要进行正确的引导，帮助孩子度过这一特定时期。

至于如何引导，可以由妈妈来做，也可以由爸爸来做，父母谁更懂这方面的知识，就由谁来引导。如果父母都不懂，就需要请专业人士进行引导。青春期的女孩相对男孩，在性接触上的问题要少一些，因为女孩之间的肢体接触本身就属于正常范畴，也不排除女孩和女孩之间有性器官的接触，这也是彼此想更多地了解性的概念。所以，家长知道孩子发生了上述行为，不必大惊小怪，只要做好正确的引导就行了。

第三层含义，个性的"性"与孩子的"天性"相关。

很多人把"天性"叫作"性格"、"人格"，或者"天生气质"。比如，林文采老师在《心理营养》中就把这个部分叫作"天生气质"。我也想引用林文采老师的"天生气质"这个词，向家长作一些说明。

通俗地解释，天生气质大体可以分为两类，一类是内向，一类是外向。也就是说，你的孩子是内向的，还是外向的。这是最容易区别的性格类型。

内向型的孩子，顾名思义，就是向内、内敛，常常表现为不爱讲话，不爱凑热闹，不爱跟人打交道、交朋友，很"宅"。宅的意思是，孩子整天待在家里，从早到晚不出门，特别是在疫情期间，有的孩子从周一到周日，连续7天不出门，常常把自己关在房间里，除了上厕所，一天都不出来。孩子无论是看一本小说也好，看一本画报也好，或者是玩乐高、打游戏也好，一看就是一上午，一玩就是一下午，甚至一天，也不厌倦。这样的孩子就是内向型的孩子。你问他什么，他就答什么；你不问他，他从不主动跟你讲话。

内向型的孩子是有很多优势的，很多家长也许没有注意到，这样的孩子专注力非常好。只要他喜欢的事，他的注意力就会非常集中，他的耳朵有自然屏蔽功能，你可以在外边看电视、听音乐，无论环境有多吵闹，都不会对他产生干扰。即使你带他出去吃饭，一桌子的人谈天说地，也丝毫不会对他产生任何影响，他仍然在看他喜欢看的东西，做他喜欢做的事。在家里，无论来多少人，他只是点头应付一下便走开了。这样的孩子，在一般情况下，学习成绩是非常稳定的。我常常开玩笑说，这样的孩子如果学习成绩好，成绩是非常稳定的。之所以这样，是因为这样的孩子内在稳定，不那么在意名利，他只在意一家人的关系是否和谐，只希望人际关系里没有冲突。他也不希望有太大的压力，更没有太多的负面情绪，这样的孩子相对来说比较好养。

外向型的孩子，就是时刻向外，好说、好动、好斗，敢想敢干，善于交往和沟通，具有强烈的目标感，在意成功和成就。小的时候，他们总想往外跑，天天想找人玩，时刻不闲着，又说又闹、又吵又跳、又叫又笑。这样的孩子，看着乐观、开朗、温暖、乐于助人、热情、活泼，愿意跟人在一起，愿意跟人嘻嘻哈哈、开怀大笑。这样的孩子既聪明，又反应快，有很好的决断力，他的目标感和方向感也都很强。父母在养育这样的孩子时要多推动孩子发挥他的优势，不能把外向的孩子跟内向的孩子作比较，比较有时是一种破坏。比如，有的父母或者老师就希望孩子能够老老实实待在家里，听父母的话，听从老师的安排，而外向型的孩子因为性格使然，很少能长时间坐得住，或者很难达到父母和老师的目标和要求，总是想跑出去玩。这时，无论父母也好，老师也好，就会给孩子贴上一个"多动症"的标签。其实，这样的孩子根本没有多动症。

所以，家长需要顺着孩子的天性来养育，多陪伴、多关注孩子，多鼓励、多拥抱孩子，多夸奖、多赞美孩子，多给孩子表现自己的机会，这样的养育方式就是适合孩子的，也是孩子喜欢的。

有位家长问我，他的儿子16岁了，喜欢奢侈品，追求奢侈的生活，父母需要做些什么。我告诉他，这样的孩子十有八九是外向型的。孩子喜欢穿名牌，因为他想让别人觉得他家很有钱，自己很有品位，希望别人高看他。孩子追求奢侈的生活，是希望能与上流人士一样受到别人的瞩目，让人心生羡慕。综合上述两种外在行为表现，我认为这个孩子获得的权威认同度还不够。这种权威认同度既包括父亲对孩子的欣赏、赞美、肯定、认同不够，也包括孩子从老师那里得到的还不够。所以，家庭条件好的话，这样的孩子就会通过买奢侈品，或者追求奢侈的生活来求关注、求重视、求别人对他的认可。

外向型的孩子还有一个特征，就是他的成绩会因为与老师的关系变化而忽高忽低。成绩好的时候，往往是他跟老师关系好的时候，他能够从老师这里获得表扬。但有时候，老师会把他与其他更好的同学作比较，或者老师忽略了他，或者他没考好，老师当众指责、批评、贬低，甚至羞辱他，他的成绩就会"掉"下去，严重时还会厌学。

父母需要注意的是，外向型的孩子会爱花钱，有时甚至会花钱无度，还会有丢三落四的小毛病。小时候，孩子常常因为贪玩而丢校服、丢书包、丢作业、丢文具、丢家里的钥匙。长大了，他们也会常常丢东西。家长需要时刻帮助孩子进行金钱管理和自我约束。

外向型的孩子在与父母的关系中,常常喜欢与妈妈在一起,而不太愿意跟压力大的爸爸在一起,除非爸爸给他讲人生规划、理想,对他有引领作用,否则,孩子通常会黏着妈妈。

因为进入了青春期,跟妈妈的关系疏远了,外向型的孩子会用喜欢的朋友替代妈妈。这时,朋友就成了他不可替代的重要人物。到了青春期中高段,男孩开始喜欢找女孩说笑、玩耍;女孩也喜欢跟男孩子打闹、玩耍。他们在一起的时候,往往习惯拉着手,挽着胳膊。很多家长误以为孩子早恋了,其实,这样的孩子就是愿意与喜欢的人在一起,他们只是更在意与好朋友的关系。

家长如果对孩子的天生气质有更多的了解,培养孩子就会更有方向,会按照孩子的天生气质把孩子培养成他想成为的人。进入青春期的孩子,在天生气质的发展上会越来越固化,再加上权威认同和性别认同,孩子的自我形象就会非常鲜明地表现出来。所以,当他出现在人群中,或者站在讲台上、舞台上表演的时候,他会迅速呈现出"我就是独一无二的,我和任何人都不一样"的个性。

第四层含义,个性的"性"还有一部分的内容与孩子的"怪诞"语言和"怪异"行为有关。

有的家长说,我的孩子进入青春期了,突然表现得怪怪的，让我们看不懂。比如，有的孩子会出现怪诞的语言、怪异的行为，而这些也许连他自己都没有意识到。其实，无论是怪诞的语言，还是怪异的行为，对于青春期孩子来说，都是发展自我、寻找自我的一个发展阶段的正常表现。

有的家长告诉我，我们家的女孩怎么开始说脏话了，而且是大段大段的脏话。我有时也会在街上听到一些中学生，无论男生和女生在一起，还是只有女生在一起，都会讲脏话。究其原因，这其实是青少年想在青春期里寻找群体认同的表现。他们为了获得群体认同，不得不跟这个群体里的人说同样的话、做同样的事，就像一起抽烟、喝酒、打架一样，社会心理学把这种行为称为"从众"。因此，家长不必过分担心，把它视为青春期的一个成长环节即可。

青春期的孩子还有一种个性的表现会让有些家长难以理解。他们常常会冒出一些哲学思维来跟家长或者老师进行思辨，甚至有的时候又会很固执地坚持他们的观点。有的家长会问，这是孩子知识量和阅读量的增加所导致的，还是他们真的发展出哲学思维了？我看到，有些孩子开始与家长辩论，甚至诡辩，让家长有时尴尬、有时汗颜、有时愣住、有时感叹。其实，这也是青春期的孩子的一个共性发展特征，也就是说，青春期的孩子随着认知范围的不断扩大，其思维的立体发展会把个性表现在哲学思辨上，从而让自己显得与众不同。

第五层含义，青春期的个性往往与无意义、自由、死亡等存在感有关。

有的家长问我，孩子怎么突然就说不想上学了。明明他在重点校、重点班，学习成绩也挺好的，怎么就突然不想上学了呢？其实，这也是青春期的孩子在个性上的表现，青春期的孩子常常表现出很多不确定性。他前一句话说完了，后一句要说什么，也许他自己都忘了，以致前言不搭后语。但是，家长有时候会把孩子说的每一句话都当真，然后记在心上，并开始焦虑，甚至担心、害怕孩子真的不上学了。

家长如果了解青春期孩子的心理发展，就可以忽略孩子的这些不确定性。孩子说妈妈我今天不想上学了，或者说我这个学期都不想上学了，其实只是想测试一下父母的内在强度和稳定度。如果父母听孩子这样说，特别是妈妈，会一个晚上睡不着觉，然后第二天就担心孩子真的不去上学。孩子有时会真的用不去上学的招数来测试父母，直到从父母那里得知原来无论我怎样，我的父母都是完全相信我、信任我的，事情才结束。

有的孩子甚至会跟父母说，我很想死，我总觉得无聊，活着没意思。父母一听，立刻崩溃了，然后就带着警觉、害怕、恐怖的心理四处求医问药。其实，孩子就是随便说说而已，根本没当回事儿，只是父母当回事儿了。当然，有时父母要看孩子说这些话的情境，要评估孩子之前和父母的关系,如果关系好,孩子的这句话也许就是随便说说,开个玩笑而已;如果孩子跟父母的关系没那么好,孩子又在持续的压力下说了这样的话,父母就真的要当心。所以,要对孩子的话心里有数,只有这样才能对孩子有更全面的了解,才能做到既了解孩子存在感的发展,又兼顾孩子的内在安全感。

这一节的信息量有点儿大,如果做个小结,家长需要知道,第一,孩子在青春期的发展中,其个性是与姓氏、性别等身份认同,以及性别认同有关的。每个孩子都不希望家庭或者家族当中存在重男轻女或者重女轻男的思想。如果父母已经把这种思想带给孩子了,经过本书的学习,父母就可以做出调整和纠正。最好的纠正方法就是由家里的权威者告诉孩子,无论你是男孩还是女孩,我们都是爱你的,都是喜欢你的,我们希望你按照男孩的样子,越长越阳刚,或者希望你按照女孩的样子越长越柔美。只有这样,孩子在性别认同上才不会走偏。

第二,青春期的孩子的个性发展会表现在性格、人格或者天生气质上。天生气质大概分两类,即外向和内向。外向要向外养,内向要向内养。

第三,青春期的孩子的个性还表现在哲学思维发展,以及怪诞语言和怪异行为上。孩子突然说的话,做的行为,有时让家长不知所措,但这些恰恰是一个孩子想成为独一无二的自己的外化表现，家长要持允许、接纳、支持和推动的态度陪伴孩子度过挣扎期。

第四，孩子在青春期的发展过程中，常常会出现很多不确定性，比如，突然说不上学了，偶尔会说没意思、无聊，甚至不想活了，等等，而这些都与孩子的存在感有关。家长需要从孩子与自己的关系中作出评估，必要时，可以找专业人士为孩子进行心理辅导。

第二节　独特——成为特别的自己

> 心理封闭期 / 孩子的特性特质 / 孩子的爱好特长

独特的"独"与个性的"个"都是指向"自己"的。我有没有成为独立的自己，我够独立吗？这是青春期的孩子常常问自己的话。家长需要帮助青春期的男孩和女孩核查成长的任务：孩子有没有实现与妈妈的心理分离？孩子有多长时间还活在对妈妈的心理依赖里而不想独立承担责任？孩子又有多长时间活在爸爸的掌控下，处于被动的服从模式里？孩子是否有权力决定自己的生命状态？孩子怎样彰显自己蓬勃向上的生命力？如果孩子能够回答出这些问题，并通过自我管理来践行这些成长目标，孩子就自然实现了"独"的心理发展。

以下这种常见的现象，可以从另外一个侧面说明青春期的孩子有多想"独"。有些孩子放学回来，常把自己关在房间里并把门反锁上。这种现象除了与我们在前面讲过的情况有关外，还与孩子内在的"独"有关。孩子的这种行为是在告诉家长,他进入了新一阶段的"心理封闭期"。所谓"心理封闭",其外在表现为关门、锁门,把自己关在房间里,无论你怎么敲、怎么叫,他就是不开门,很少跟父母或家里的其他人讲话。

其实,青春期的孩子的心理封闭期,和他内在的孤独有关。这是孩子想成为他自己的一个重要的心理孤独期。孩子一方面想与父母心理分离,另一方面又需要搭接新的成长客体,在这个交替过渡、交错发生的阶段,孩子就会用孤独来对抗父母的管控,用锁门来表达自己的独立。

因此,父母如果懂得孩子的这种变化,就会允许孩子独处,孩子也会用独处的时间来消化一天的学习内容,同时缓解同学、老师以及外在环境带给他的一些焦虑和不舒服的情绪。孩子可以在这样一个独处的时刻,用听音乐、玩电脑、打游戏、聊天等方式来释放压力、调整心情、恢复能量。家长需要知道,在一般情况下,孩子会用一节课,也就是45分钟的时间来度过"心理封闭期"。之后,孩子打开门做的第一件事,就是叫着"我饿了,我要吃东西!"所以,请家长不要偷听,也不要扒着门缝看他在干什么,更不要装监控、窃听设备,这会破坏孩子内心所有的美好,以及他和家长的关系。家长能够做的,就是在孩子出来时,准备好他爱吃的饭菜。

那独特的"特"是指什么呢?"特"通常包括以下几个

部分，第一是指孩子的特质；第二是指孩子的特性；第三是指孩子的特长和爱好。

第一，一个孩子的特质会表现在哪些方面呢？我认为，孩子的特质往往会表现在三个方面，语言、思维和逻辑的发展特质。

孩子的语言特质，会表现在沟通能力上。我发现，有的孩子天生词汇量大，表达能力强。伴随语言能力表现出来的是思维和逻辑能力，很多孩子也表现出思维立体辩证、逻辑层次分明的特点，中学高段的孩子表现得更加突出。因此，青春期的孩子随着知识的增长，往往会在语言、思维、逻辑这三个部分的心理发展上变得越来越突出和鲜明。

家长需要了解孩子在语言、思维、逻辑上的优势是什么，劣势又是什么；可提升的是什么，不可改变的又是什么。如果家长清楚了，在培养孩子的过程中就不会走弯路。当然，这个过程还需要评估孩子的遗传因素，家长需要知道孩子在这些方面与父母相同的是什么，不同的又是什么，以便做到有的放矢。比如，有的父母希望提升孩子的口头表达能力和人际沟通能力，就给孩子报演讲口才班。如果孩子属于内向型，并且愿意通过演讲口才训练提高沟通能力，这是孩子的内在驱动力在驱使孩子把不变的因素转化成可变的因素，那么通过演讲口才训练，他会迅速提升自己的语言表达能力。如果是外向型的孩子，其本身的表达能力已经够好了，家长再给孩子报演讲口才班，就越发激励了孩子的先天优势，能让孩子发挥潜能，经过训练，孩子就会像演说家一样强大了。

所以，家长对孩子上述特点的了解，对于孩子的后天培养十分重要。

第二，孩子的特性是什么？

前面在青春期的孩子想做主的部分讲过，孩子想在他自己的服饰上说了算。这其实就是孩子的发展特性。这个特性告诉父母，孩子的审美意识发展出来了。换句话说，进入青春期的孩子都开始"爱美"了。有的家长说，我的孩子10岁就开始臭美了，还经常照镜子。这说明孩子会通过爱美来关注自我形象和气质了。

我们以男孩为例，看看孩子的爱美会表现在哪里。

第一就表现在头发上，所以青春期的孩子不再剃儿童头了，他们不喜欢剪短发、理小平头，而是希望把头发留得长长的，让理发师把发型剪得酷酷的，再喷上发胶，让头发变得有型。有的孩子还常常换发型，今天这个发型，明天那个发型，甚至别出心裁，个性十足，要么把两侧推得光光的，要么就在两侧剪出符号，以彰显独特性。我前一阵在一个城市上课，课上一个20岁的小伙子就把头发染成了红色。妈妈告诉他，如果不把红色剪掉，或者染回黑色，就不准他回家。他回应妈妈，不让回家，那就不回，等什么时候头发长出来，再回。妈妈听了这话又担心地说，你不回家，去哪儿住啊，还是回来吧。

这个例子告诉我们，这位妈妈没有理解孩子。孩子是希望用把头发染成红色来彰显个性，不但自己觉得很酷，也会让别人投来赞赏的目光。所以，有的时候，青春期的孩子想通过独特来彰显朝气、活泼、新潮，这本身就是孩子在这个发展阶段的需求，家长需要理解和接纳。如果有的父母把孩子染头发的行为贴上"变态""不正常"，甚至"小流氓"这样的标签，就会伤害孩子的自尊。

男孩的第二个独特表现就是不愿意穿校服，在这一点上女孩也一样。孩子周五放学回家后，会迅速换上自己个性化的服装。他们所喜欢的服装，几乎都是家长不喜欢的，要么是裤子上破个洞，要么是背上有块补丁，要么像穿反了一样，要么像没洗干净，总而言之就是另类，看着就怪怪的。但是孩子就是喜欢，他们认为这样的服装代表潮流，代表时尚，代表不拘一格，代表有个性，代表与众不同，而这也正是青春期孩子所追求的。

另外，男孩还希望在鞋子上穿出新潮和花样，来表现自己的独特。我常常看到男孩穿的鞋子，一只红色，一只绿色；或者两只白色的鞋，一只系着红鞋带，一只系着绿鞋带。青春期的孩子管这叫差异化审美。还有的男孩喜欢限量版的鞋子，只要家庭经济条件允许，孩子就会央求父母给他买这样的鞋子，来彰显他的独特。青春期的男孩，往往有很多双各种各样的鞋子，就是要表现自己每天的变化和不同。

一位妈妈曾告诉我，她儿子13岁了。从12岁开始，他就喜欢照镜子。军训的时候他晒黑了，就找妈妈借美白的面膜，时刻关注脸上的变化。现在他在洗澡的时候，都要带着镜子。他对衣服鞋帽有自己的品位，会想尽办法让父母达成他的愿望。他的鞋子平均800元一双，每一次穿的时候，父母都说好看。最近一次散步，妈妈准备穿着拖鞋出去，孩子就建议她换一双，说穿拖鞋出去散步的是中年大妈。她感受到了孩子的变化，孩子有了审美意识，开始影响家长了。这就是青春期的孩子对审美的要求。

女孩在审美上主要是在意头发方面。她们会把头发编成各种各样的辫子，每天或者每周换一个样式，或每天换一个发卡或者发饰，来彰显她们的独特。还有，青春期的女孩也开始用化妆品、涂指甲油，或者做美甲，她们希望自己更加漂亮，更加与众不同。

青春期的孩子除了好美外，还常常表现出好说、好动、好斗、好奇，并且以此表达他们的独特。我常常把他们称为"五好孩子"，这里的"好"是动词，读四声。好说和好动，自不必说，这是孩子从儿童期就发展出来的特性，一直延续到青春期早期。比如，青春期早期的孩子仍然喜欢说个不停，即使家长不跟他们说，他们也会自言自语。他们坐下来的时候，也常常动来动去。他们走路的时候，也常常蹦蹦跳跳的。

说到好斗，无论男孩还是女孩，都好打斗、好斗嘴、好斗智斗勇，这是青春期的孩子彰显活力的标志。好奇是指所有青春期的孩子对新鲜的事物都很好奇，都想知道，都想尝试，都想得到。所以，家长需要知道每个孩子在青春期的发展过程中都会经历这样五个发展维度。如果你能更好地从这五个方面推动孩子的成长，孩子的独特性就会表现得更加充分，孩子的青春期就会更加富有朝气、活力、特性和美感。

第三，孩子的特长和爱好是什么？

孩子的特长常常和兴趣爱好结合在一起。比如，有的孩子有音乐特长，有的孩子有体育特长，有的孩子有美术特长，有的孩子有舞蹈特长，有的孩子有动漫特长，有的孩子有表演特长，有的孩子有语言特长。他们各有天赋，也各有不同。

孩子的特长，有的与天赋有关，有的与后天培养有关。有一档电视节目叫《最强大脑》，吸引了很多数学天才参加，这些孩子就属于有数学特长。我们看到很多选秀节目，很多孩子具有某一方面的特长，经过多轮选拔就登上了选秀舞台。

家长需要更仔细地观察和了解孩子，才能知道孩子具有哪些天赋，孩子的兴趣爱好具体在哪方面。孩子的兴趣爱好，有很多是玩出来的。孩子在玩的过程中，会不断激发自己的灵性，很多基于天赋和好奇心的特长就会发展出来。父母如果能更了解孩子，在后天培养孩子时就会少走弯路，少花冤枉钱。这对于父母来说非常重要。

有些家长抱怨说，你说我家孩子，看别的孩子弹钢琴，他也要弹，于是就买了钢琴，请了老师来教，可不到一个月，孩子就没兴趣了，干脆不学了。后来，他又看见别的孩子打架子鼓，吵着要学架子鼓，于是又请了老师教他架子鼓，可是学了不到两个月，又不学了。你说，我究竟该如何培养孩子的兴趣爱好呢？

像这样抱怨的家长，其实不在少数。这里反映出一个比较普遍的问题，就是有时家长在培养孩子的兴趣爱好方面，忽略了自己孩子与别的孩子的个性差异。看人家孩子学什么，就跟着学什么；看什么热门，就跟着凑热闹。这是很大的误区。

如果你的孩子不适合学钢琴，你让他学，多数时候是不会激发出孩子的兴趣的，孩子学着学着就放弃了。我曾在抖音上看到一个孩子哭着练钢琴，他呈现的状态是既无聊又无奈，甚至是非常讨厌弹琴的。但是孩子迫不得已，因为妈妈在旁边拿着一把尺子，孩子不好好弹，妈妈就打。也许，妈妈心里有个声音说，好孩子都是逼出来的，如果父母不逼紧一点，孩子就什么都学不会。

可是，父母需要思考的是，孩子的音乐天赋和音乐爱好是从哪里来的呢。父母有音乐天赋遗传给孩子吗？父母有音乐热情影响孩子吗？孩子有后天发展出的音乐意识，并被父母发现了吗？如果这些都没有，父母只是看见有的孩子在学钢琴，就让自己的孩子也跟着学，这就让孩子活在不喜欢的比较里，从而让孩子受苦、让妈妈受累，最后两败俱伤。

我还清晰地记得我的一位初中同学让他儿子学手风琴的故事。他儿子在读小学时，因为班上的音乐老师是手风琴演奏家，所以大家争先恐后地去学，于是，他也给儿子报了名。但是，儿子第一次上课就极度不耐烦，只是忍着没有在爸爸面前表现出来。就这样，儿子跟着学了两年。有一次，我去他家，一进门，发现父子俩满脸不高兴，便询问原委。我这才知道，我这位同学因为儿子不好好练琴，直接把手风琴从楼上扔到花园里摔坏了，然后恶狠狠地对儿子说："以后无论你想学什么，我都不会让你学了！"儿子弱弱地回了一句："又不是我想学的。"我听了便觉得好笑，因为我是非常了解我同学一家人的。他是学数学的，对音乐一窍不通，唱歌五音不全，根本找不着调，也很讨厌唱歌；妻子也是学数学的，人又内向，不喜欢任何娱乐活动，电视都很少看。所以，我就说，别逼孩子了，孩子没兴趣，你也没这爱好，就放过孩子吧。我同学这才放松下来。

从这个例子来看，父母培养孩子的特长，一定要遵循孩子的天性进行有针对性的培养,才能让孩子很好地发展他的特长。如果我的那位同学仍然逼迫孩子练琴,就可能对孩子产生逆向的强化。孩子会在学习过程中出现困难、障碍或者创伤,还可能把这种障碍泛化到其他感兴趣的学习上,从而停止或者放弃所有的学习。

当下社会上有各种各样的辅导班和兴趣班,有时父母对孩子的兴趣爱好的选择,的确存在盲区和盲点。比如奥数班,很多家长把孩子送到奥数班学习,希望孩子能够学会奥数思维。据我粗浅的了解,奥数思维一般到了大学才有可能用得上,大学以下的训练充其量是为了考试,而不见得能得到应用。所以,我在想,有多少家长会评估上奥数班是否和孩子的思维发展相匹配?又有多少孩子可以跟上奥数班的奥数思维训练速度?或者,奥数班训练出来的孩子,他的数学能力究竟获得了怎样的提升和发展?对于这些问题,可能很多家长也都很困惑。

我看到一则消息说,目前奥数成绩在中考或者高考中的加分已经被取消了。如果这则消息是准确的,就可以从侧面说明奥数的训练对于孩子来说有些揠苗助长了。

有的家长可能会问,培养孩子的兴趣爱好究竟该如何征求孩子的意见呢?万一孩子作出了选择,又反悔了,选择了这样,又放弃了那样,该怎么办呢?这里重要的是,家长需要核查:你对孩子兴趣爱好的培养持怎样的观点?你是支持的,还是反对的？你认为孩子的兴趣爱好是可以促进孩子心智成长的，还是影响学习的？你更在意孩子获得快乐和知识，还是担心和害怕危险？

比如，有的孩子喜欢玩滑板，当你的孩子看见有那么多孩子在玩儿，且滑板的玩法层出不穷时，也觉得玩滑板很酷，作为家长，你会让他玩儿吗？有的孩子想跳街舞，你会让他每天晚上都练上两个小时，做各种危险动作吗？有的孩子喜欢玩攀岩，你会让他去野外攀岩吗？有的孩子对上述这些都不感兴趣，他就喜欢小动物，想养仓鼠、蜥蜴，你会让他养吗？

我曾见过一个12岁的男孩，他养了一只大蜥蜴。我第一次见到他的时候，他迅速把蜥蜴从肩膀上放到了我的桌子上，我险些被吓到。他养的蜥蜴像变色龙一样，花花绿绿的，比手掌还大，他还爱不释手。他告诉我，蜥蜴是吃蟑螂的，他经常买蟑螂喂蜥蜴。如果你知道这些，你会让他养吗？

还有的孩子喜欢植物、喜欢昆虫、喜欢去博物馆、喜欢玩乐高、喜欢下围棋，这些都是孩子的爱好，你会带着好奇让孩子发展这些爱好吗？如果家长过了内心的安全感和价值感这一关，不再一味地害怕孩子受伤，也不再一味地希望孩子学习好，将来能出人头地，那么，家长就会与孩子同步发展，就会让孩子在兴趣爱好的发展中获得无与伦比的快乐，这才是孩子所需要的。

我还想要提醒家长的是,孩子的兴趣爱好有时与超现实的东西相关。

我的一位朋友曾经跟我说,她的女儿从12岁起就沉迷于网络文学,痴迷到不想吃饭、不想睡觉。她让我帮她管管孩子。她说,孩子回到家里就是看小说,看太多太多的小说了,连饭都顾不上吃。孩子看的要么是科幻小说,要么是穿越小说。她给孩子的零花钱也全被用于购买这些小说了。搬家的时候,她竟然发现孩子的床底下全是这种小说。她说,孩子是不是中毒了?

我告诉她,这是因为父母不了解青春期孩子的兴趣爱好而出现的担心和焦虑。青春期的孩子,有时会把内心成长的关注点放在文学、童话、神话、科幻等超现实文字里,以此去寻找未知的力量。科幻穿越小说恰恰是超时空、超现实的,因此非常吸引青少年。我还了解到,这位朋友的女儿是个品学兼优的孩子。所以,孩子既没有中毒,也没有看小说看出问题,只是想让自己在超现实的世界里寻求共鸣和自己需要的心理慰藉。父母知道了青春期的这一独特性,做到尊重孩子的选择就够了。

第四章 | 青春期的第三个发展主题
——冒险与挑战

冒险与挑战这两个词，对于很多家长来说并不陌生。那么，为什么要把冒险和挑战单独拎出来，作为青春期的第三个发展主题来跟大家探讨呢？因为这是青春期发展过程的必经之路，是一个孩子在"独立自主"和"个性与独特"这两个主题发展顺遂之后，自然而然的发展结果。如果一个孩子在前两个部分没有获得充分的发展，其对外的成长性挑战就会受阻，继而无法去冒险。

一个孩子从婴儿期、幼儿期、少儿期进入青春期，外在事物是否对他构成安全威胁，这种安全威胁是否让他产生自己的心理边界？孩子是否有勇气去突破这个边界？这就是冒险的含义。通俗地说，就是孩子的胆子够不够大。挑战多数时候指向的是人，冒险多数时候指向的是物。家长需要评估孩子在这个发展主题是否得到了健康有序的发展。

第一节　冒险——我想去尝试

> 身体的探险 / 竞技的冒险 / 探索自然 / 内在的自信与安全感

父母都知道，当孩子的身高、体重、语言、思维、认知、行为都发展良好的时候，孩子就会产生更多的好奇并想去探索了，而冒险就是在这个过程中出现的。

青春期孩子的内在往往会有三种确定或者不确定的声音。如果是确定的声音，第一种就是"我能"，第二种就是"我行"，第三种就是"我可以"。如果是不确定的声音，那么，这三种就分别是"我能吗？""我行吗？""我可以吗？"而这三种内在的声音对于青春期的孩子来说，无论他能不能、行不行、可不可以，他都想尝试，直到他确认了"我真的不能，我真的不行，我真的不可以了"才停止。所以，青春期的孩子在发展过程中，特别喜欢带着好奇去探索、去尝试一些事情。

孩子的好奇多数表现在对过去没有发生的、过去所不知道的、现在新出现的事或物上，想由此获得新的体验，这种体验就叫探索。孩子常常会问为什么，《十万个为什么》这样的图书就是针对这些问题而设计、出版的。然后，很多家长会不厌其烦地告诉孩子这是为什么、那是为什么。

其实，孩子要的不是父母给答案，而是自己带着好奇去探索答案，孩子只是需要父母"嗯、啊"附和就可以了。如果孩子是在这样的环境中长大的，他就会带着新的成长力量去进行更多的探索。这也会让孩子在探索和冒险中积累更多的成长经验和内在安全感。

那么，父母是否知道，孩子的冒险都有些什么内容呢？

第一，孩子会拿身体冒险。

身体指向的是孩子能力的发展，这个能力既包括外在的体能，又包括内在的心理能力。这就和我上面说的孩子的胆量有关。所以，我常常听父母说，这孩子的胆子怎么这样大，什么事儿都敢干！

一个孩子如果发展得好，其冒险行为首先会落到运动能力上，而运动能力主要考验的是孩子的体能和技能。家长最熟悉的运动是球类，包括篮球、足球、排球、乒乓球、羽毛球，还有冰球、棒球、垒球等。此外，还有击剑、拳击、跆拳道，以及游泳、跳绳、徒步、登山、马拉松等诸多运动项目。面对这些运动项目，很多孩子跃跃欲试，想参与其中。但每个孩子都会想，我究竟能不能？行不行？可不可以？

孩子的冒险有一部分是跟着同伴在群体里一起发展出

来的。当孩子看到与自己年龄差不多的同伴敢于冒险时，就会激发出内在的自信。他会自发地认为，同伴可以，我也可以；同伴能，我也能；同伴行，我也行。因此，他的胆子就会越来越大。青春期的孩子愿意与同伴在一起，这是很重要的原因。

如果家长不懂得孩子在这部分的发展，有时让孩子独自进行某种运动项目时，由于孩子对自己身体缺乏了解，又没有同伴作对比，就会冒出"我不敢、我不行、我害怕"的声音，从而对很多运动项目望而却步。因此，家长要鼓励孩子与同伴一起玩，让孩子从参与群体运动项目发展到加入群体竞争，从而激发出孩子的潜能，让他乐于尝试未知事物，挑战极限，检验身体的协调性。

谈到身体的协调性，这也是家长需要引起重视的部分。孩子身体的协调性是指身体的柔韧性和自由度，也就是身体各个组成部分够不够放松，可不可以自由开合，这与孩子的内在安全感密切相关。我们看到世界冠军、奥运冠军，无论是游泳健将，还是体操精英，他们的身体协调性都是非常好的。身体任一部分卡住的话，他们都很难拿到奖牌。这些运动员在训练时，教练会重点训练他们身体卡住的部分，让其身体更放松、更自由，其协调性也变得更好。

我们从小学就开始上体育课，初中、高中也一直有体育课。体育课的难度会随着孩子的年龄、身高等的变化而逐渐增大。体育课上的各种器械训练也是对孩子身体协调性、勇气和胆量的综合考验。身体协调性和肌肉的发展有关。人之所以能够站起来、能够直立行走,靠的是肌肉的支撑,这是人区别于动物的一个非常重要的标志。

所以,如果家长想看一个孩子是否能冒险,就要看他的肌肉够不够结实、够不够有力。

孩子的身体协调性与孩子小时候和妈妈的依恋关系是否足够好有关。如果一个孩子在0~3岁时与妈妈的身体充分接触,享受过妈妈的抱、搂、亲、抚摸以及母乳喂养的话,孩子的内在安全感就是足够的。长大以后,他的身体就不会有不确定和不安全因素,而是可以自由地展示和呈现身体的协调性。他也就会特别信任自己身体中所有的潜能。这些潜能一旦被激发出来,他就可以尽情地彰显自己的运动能力,既不犹豫,也不畏惧,他就会越来越自信、越来越自由地运动。

我曾经接过一个前全运会游泳运动员的心理咨询任务。他说,他常常害怕单位里的竞争上岗。他告诉我,当他是运动员的时候,他只拿到了银牌,而没拿到金牌。教练告诉他,他是可以拿到金牌的,但比赛时,他往往和金牌失之交臂。他出生在北方,从5岁开始学习游泳,每到秋冬季节,妈妈把他送到体校里,他就迟迟不愿意下水,想和妈妈多待一会儿,而每次都是妈妈强行把他推入游泳池中。所以,他告诉我，每次一到比赛，妈妈推他入水的场景都会立刻浮现在眼前，从而影响了他的成绩。

这就是我上面所说的，孩子如果没有发展好与妈妈的依恋关系，就会导致其身体不能充分放松，从而产生不好的结果。因此，如果现在你发现自己的孩子不敢冒险，可能就是因为妈妈在孩子小时候给予的依恋满足不够，这时妈妈需要立即补课。

第二，孩子会参加竞技活动或游戏去冒险。

绝大多数孩子喜欢在竞技活动里获得刺激和快感。无论是竞技类的运动，还是竞技类的游戏，都和冒险与自我挑战密不可分。比较有代表性的竞技类运动，包括跳高、攀岩、蹦极、冲浪、玩滑板、跳街舞等。这些运动都带有一定的冒险性，能体现孩子的内在自信度，身体的柔韧性、协调性以及肌肉的发展好坏。

每个孩子都会对这些竞技类运动感到好奇，并想参与其中。家长带孩子去游乐园，孩子的首选就是这些有一定危险系数的项目。多数孩子喜欢过山车、海盗船、蹦极。他们喜欢强烈刺激下的那种心理感受，用很多孩子的话说就是"爽""酷"，孩子想通过这样的刺激来体验不曾有过的感觉，获得对未知的了解，绽放青春的活力。

第三，孩子会去自然界冒险。

如果一个孩子从妈妈那里获得的安全感越来越多，从爸爸那里获得的自信心越来越稳定，那么，当他进入青春期时，他对自然界的探索欲望就会越发强烈。第一，青少年在闲暇的时候，特别是寒暑假时，喜欢结伴穿越山林湖海。以深圳为例，很多青少年喜欢穿越东涌和西涌，也就是山和海的两侧，每次穿越的路程差不多有20千米。他们喜欢随着户外运动队去穿越山海、探索自然。第二，青少年喜欢登高望远，看看山势有多陡峭，看看台阶有多高，看看谁爬得更快。第三，青少年喜欢野营、露宿，特别是一些男孩，喜欢看探索频道，喜欢看《荒野求生》之类的节目。他们喜欢在寒暑假通过参加冬夏令营，去户外体验探索自然的乐趣。

目前，这样的冬夏令营越来越多。这是考验孩子冒险意识、内心自信度、勇敢度、合作能力的综合性团体活动。参加这样的活动，有的孩子能顺利过关，但是有的孩子就会出现问题。在这个过程中，有的孩子会想家、害怕，产生受挫的感觉，有的甚至活动没结束就让家长接回去了。

很多家长也许并不十分清楚，青春期冒险的发展主题在心理学上究竟意味着什么。我们常说，初生牛犊不怕虎，就是比喻一个孩子年少时对什么都不惧怕。这考验的是一个孩子的心理安全半径。我们要考量的是，这个孩子的心理安全半径究竟是越来越大，还是越来越小。

孩子的冒险意识强弱当然与父母的养育密切相关。其一，小时候，孩子的心理安全半径很小，他们会时时刻刻回头看妈妈在不在。如果妈妈不在，有的孩子立刻就哭了。但是，孩子越来越大，离开妈妈的时间就可以相应延长，延长的时间长短因人而异。如果孩子可以离开妈妈，或者玩起来很少找妈妈，这说明孩子的心理安全半径就在逐渐变大。

我们考量青春期的孩子的冒险意识，可以根据孩子从婴幼儿期到青春期离开父母的时间长短来作出判断。这也与孩子对他人、对环境、对危险情境的适应度是相匹配的。面临危险情境的时候，他们的情绪是否稳定？有没有害怕、紧张，甚至恐惧？如果他们没有这些情绪，那么，他们就是有足够的安全感的。如果他们出现了上述情绪，就说明他们胆小，很多时候不敢冒险。

其二，孩子的冒险与内在的自信和稳定有关，这部分可以根据爸爸带给孩子的心理力量是否足够来判断。如果足够，孩子就会发展出更多的勇气、力量、男子气。这个男子气不仅仅指向男孩。我们说，一个人的完整成长存在"二八原则"，也就是男性和女性身体里都会有20%的异性部分特征，这会让一个人发展得更立体、更完整、更平衡。那么，如果男孩发展出更多的男子气，他们的勇气、力量、自信度和稳定度就会相应增加或提高，所有与他们有关的冒险，他们都想尝试、参与，但男孩并不缺乏柔韧性的一面，这就是平衡。如果女孩发展得好的话，除了绽放自身女性柔美的一面外，她们也会把坚强、勇敢、自信的特质彰显出来，从而让自己看起来有勇气、有力量，不胆怯、不惧怕，即所谓的柔中有刚。

现实社会中，有些青春期的孩子常常被贴上"妈宝"这个标签。这些孩子常常表现出胆小、怕事的特质，他们不愿意冒险，不愿意参加集体活动，也不愿意上体育课和带有冒险性质的冬夏令营。究其原因，要么就是妈妈过度保护、过度担心、过度包办和替代所导致的，要么就是爸爸的角色和功能缺失导致的。

我之前曾经多次带领青少年进行冬夏令营训练，在每一期里，都会遇到一些孩子离不开妈妈、总找妈妈，每天都要给妈妈打电话，或者让妈妈送吃的、穿的，甚至哭鼻子的情况。有一次，一个14岁的男孩竟然在半夜偷偷跑了出去，藏在了田野里，训练老师费了好一番周折才找到他。结果老师一问，他说就是想妈妈了，想回家。后来我们才了解，这个孩子是在单亲家庭中长大的，从来没有离开过妈妈。所以，这样的孩子即使进入了青春期，其心理发展仍然停留在少儿期或者婴幼儿期，他们会不由自主地寻求陪伴、寻求依恋、寻求保护。

所以，父母需要对照孩子的行为来进行核查和评估，哪些方面是孩子在独立自主这个主题没有发展好的，从而导致了冒险与挑战这个发展主题受到制约和影响。

当然，也有例外。个别的孩子，比如，内向型的孩子中，有些是不爱运动的。即使运动，他们也会选择一个人运动，比如，他们习惯一个人去游泳，一个人跳绳，一个人骑自行车，一个人玩滑板，他们只是不喜欢群体活动或者有对抗性的运动。这不代表他们胆小，不敢冒险。

第二节　挑战——对关系与权威的质疑

> 嫌弃父母 / 威信型的教养 / 顶撞撒谎 / 厌学泡吧 / 抽烟喝酒 / 自残出走 / 性与毒品 / 知识技能等方面的支持

如果说冒险是针对自己的身体、竞技、自然界等，那挑战就是对人的。青春期的孩子的挑战，就是对关系的挑战。这里既包括对自己的挑战，也包括对父母的挑战，还包括对权威的挑战。

一、对自己的挑战

孩子进入青春期后，其中一个挑战是指向自己的，就是在同龄人中，自己究竟行不行？他们常在同龄的群体中比较，如比力量、比赛跑、比智力等，他们想在比较的过程中，看看自己处在哪个层次、哪个位置。每一个孩子都希望向更高的位阶发展。

在这个过程中，孩子特别爱与同班同学比较。比如，掰手腕，他和一个同学只掰了一次，他感觉掰不过人家，或者他觉得力量悬殊太大，就不再跟这个力量大的同学去较量了。他会选择同一个力量等级相对较低的同学去较量,直到他能赢过一两个同学,此时,他就知道自己在力量层级上所处的位置了。

所以,如果父母懂得孩子进入青春期后的这部分需求,就要给予支持。这种支持包括知识性的、技能性的和语言性的。也就是说,当孩子在认知上存在一些误区,甚至无法提升挑战能力的时候,家长可以通过自己的认知给予孩子更多的指导。在技能上,家长需要给孩子讲一些方法和窍门,帮助孩子挑战成功。在语言上,孩子特别希望爸爸能够在语言和思维的发展能力上给予自己恰当、精准的指导,让自己在与同学、老师、权威相处的过程中,既能照顾自己,又能兼顾他人,还能兼顾场合和情境,这样,孩子的情商就会得到发展,且越来越好。

可见,在孩子青春期的发展过程中,父母对孩子语言、认知、技能、思维、知识方面的影响越积极、越正向,孩子的能力就会发展得越好。孩子在自我的发展过程当中,也就更容易走上积极、正向、活力、朝气的发展轨道。

二、对父母的挑战

青春期的孩子对父母最重要的挑战,就是父母和他们的关系。

孩子首先挑战的是妈妈。这个挑战,前面讲过一部分内容。那就是他们开始挑战妈妈的唠叨,继而挑战妈妈的控制、捆绑。挑战的方式就是不听妈妈讲话，或者把妈妈拒之门外。他们常常用疏远、回避和不理不睬来对付妈妈，甚至有的时候对妈妈很不客气，表现出对妈妈的厌烦、嫌弃，甚至是鄙视。

很多妈妈不了解孩子这个时期的变化，会感到孩子对自己说话语气不好，态度也不端正，觉得她把孩子养这么大了，怎么突然就对自己很不客气了呢？面对孩子的这种变化，妈妈就会感到失落、难过。

孩子第二个挑战的就是爸爸。孩子对爸爸的挑战，和对妈妈的挑战有很大的不同。他们挑战的是爸爸对他们的信任度、认可度和尊重度。其中，最重要的就是挑战爸爸信不信任他们，尊不尊重他们。以男孩为例，每一个男孩都希望成为爸爸那样的人，这是第一关，而每一个男孩又都希望超越爸爸，这是第二关。但是，很多爸爸不懂父子之间该如何相处。

男孩跟妈妈的关系和跟爸爸的关系截然不同。他们跟妈妈的关系，可以像小猫、小狗一样，跟妈妈搂着、抱着、腻着。但是，他们跟爸爸的关系涉及两个男人之间的相处，存在着男人之间的心理竞争，常常在内心比较谁高谁低、谁胜谁负、谁强谁弱、谁行谁不行。

这是非常有趣的现象。但是，现在很多爸爸恰恰总把孩子当成小孩，特别是看到孩子即将成为大人时，比如，身高跟自己差不多的时候，力量跟自己相当的时候，很多爸爸就开始对儿子进行打压，甚至奚落、讽刺、挖苦，这是很多爸爸做得不恰当的地方。而爸爸这样做，并不意味着爸爸不爱儿子，只是因为爸爸不懂如何与儿子相处。

但是，儿子一天天长大，能力一天天提高，这时，他们就会与爸爸论高低、论成败，而这时，爸爸的内心就会受到冲击，常常用否定的方式来对待孩子，这对青春期的孩子来说，影响其实是非常大的。但是，每个儿子都不服输，因为他是男性，爸爸越是这样做，他内心对抗的力量就越强，所以，儿子跟爸爸有时就会表现出激烈的对抗。儿子也会讽刺、挖苦、否定，甚至奚落爸爸说，你不懂，你别看你这么大年龄，你还真不如我，然后，爸爸就会很生气。

以手机为例，对于现代智能手机的功能，我们可以问问使用智能手机的爸爸，有多少是他们不知道的？但是，孩子拿到爸爸的智能手机后，就可以说得头头是道。于是，孩子就会调侃爸爸："你知道这是什么，那又是什么吗？这个你会吗？那个你会吗？"当看到爸爸一窍不通的样子时，孩子就会得意洋洋地说："你看，这么好的智能手机，在你手里简直是浪费，还不如给我用呢！"很多爸爸就很尴尬，他们既不甘于自己的落后，也不愿意接受自己的认知缺陷，更不想承认自己不如孩子懂得多，所以常在孩子面前说"我是老子，你是小子，你就是要听我的"，从而导致父子之间关系紧张。

那么,青春期的孩子需要怎样的爸爸呢?

爸爸首先要知道,孩子进入青春期后,特别是男孩,身高已经跟爸爸差不多了,体重也每天都在变化,他们的学习、阅读能力,对自然科学、社会科学知识的获取和探索能力越来越强,爸爸可以用欣赏、认可和赞美的眼光来看待孩子的这些成长和变化。这样,父子之间就会发展出一种权威、信任和尊重的关系。否则,就会形成对抗的关系。

首先,我们希望爸爸和孩子之间的教养模式是威信型的教养模式,也就是说,既让孩子看到爸爸的"威",又让孩子对爸爸充满信任和尊重。其次,爸爸需要在孩子的成长过程中,给予孩子更多的宏观指导,孩子需要这样的父亲为他指点迷津。如果爸爸一味地否定孩子,就会造成父子之间关系紧张,进而形成对抗。你说东,他偏说西;你说行,他偏说不行。

女儿也一样。女儿首先挑战的也是妈妈。进入青春期后,她们最不喜欢的就是妈妈什么都管、什么都干涉,比如,今天要梳一个什么样的发型,戴一个什么样的发卡,穿一件什么样的衣服,背一个什么样的书包,跟哪个同学一起上学和放学,有没有跟男生在一起等,妈妈总要问来问去,很多女孩是非常反感的。作为女儿,她不希望妈妈唠叨,事无巨细地问来问去,三百六十度无缝监控。她们希望妈妈越来越尊重自己,越来越信任自己,这样她们才能更好地发展她们的独特性,成为她们自己。否则,她们就会用冷言冷语,或者恶言恶语和妈妈对抗。

与此同时,进入青春期后的女孩,都希望在爸爸面前彰显她们的可爱和美丽。所以,爸爸如果明白这点,就可以常常在女儿面前夸她们是可爱的、美丽的、聪明的。这样,她们就会越来越彰显女性的特质,很少跟爸爸对抗。如果爸爸常常不回家,一心扑在事业上,一回到家里,就指责女儿,对女儿提要求,甚至惩罚女儿,那么,女儿跟爸爸的关系就会变得紧张,女儿就会常常用"不够好"来应对爸爸。挑战的方式,要么是避而不见,要么是疏远,严重时还会产生抑郁情绪甚至会自残。女儿会把自己的房门、心门全关上,跟爸爸的关系也越来越糟糕。

青春期的孩子的第三个挑战,就是挑战父母之间的关系。

父母之间的关系越亲密,孩子的偏差行为就会越少,孩子的内在发展动力就会越充足。如果父母之间的关系紧张,随着内在力量的提升,进入青春期的孩子就会用内在的力量来对抗父母紧张的关系。对抗的方式就是逃学、撒谎、偷拿父母的钱、上网成瘾、打架斗殴、生病,甚至自杀。一部分孩子选择待在家里,而另一部分孩子选择待在网吧或者酒吧。很多父母误以为孩子是真的不想上学了,于是便到处请人给孩子咨询、辅导、开药、治病，却不见效果。其实，孩子的心理动机是，只要他们变坏，父母就会把注意力放在他们的身上，父母的争吵次数也就相应减少了；只要他们待在家里，就可以防止父母中弱势的一方被另一方欺负或者伤害；只要他们有了问题，父母就不会那么快地离婚了。

因此，孩子有时是在用牺牲自己的方式来拯救父母的关系，来维持他们想要的这个家。因为他们不想让自己生活在单亲家庭里，不想受冷落或者被遗弃。只是，这种挑战的代价太大了，所以，父母要高度重视。

接下来，我们将逐一阐述孩子挑战父母关系的方式和方法。

1. 顶撞父母

这是比较常见的孩子挑战父母关系的行为之一。有的孩子会跟妈妈顶嘴，有的孩子甚至出言不逊，也有的孩子会顶撞爸爸，通常是男孩。如果出现这样的情况，其直接对应的就是孩子跟父母的关系出问题了，而根源就在于父母之间不能有话好好说，父母对孩子也经常做不到和颜悦色。所以，孩子感受不到父母的爱和尊重。

青春期的孩子最需要两样东西，一是被尊重，一是被信任。如果父母在这两方面都做得不够，自然就会用喊、吼、骂等方式来对待孩子；孩子长大了，进入青春期，自然也就学会了父母讲话的方式，对父母顶撞、出言不逊，有的孩子甚至会对父母说，是你们教我用你们对待我的方式来对待你们的。

2. 常常撒谎

青春期的孩子容易撒谎，而撒谎是有心理指向性的。孩子小时候撒谎是为了求得心理安慰。比如，我有一位亲戚的孙子，在他小学四年级的时候，老师布置了一篇命题作文——《我的爸爸》，结果这个孩子就写爸爸是国务院总理，然后把爸爸描述成他想象的国务院总理的样子，一直忙碌不停。老师看到孩子的作文后，找到妈妈问："你的孩子怎么把爸爸写成了国务院总理呢？"妈妈听后大吃一惊，赶紧打电话向我咨询，她说"这孩子怎么能撒这样的谎呢？"我告诉她，孩子写这篇作文是为了求得心理安慰。因为他知道爸爸是公务员，总是在忙，还常常到另外一个城市工作，不能经常回家陪他。爸爸与一家人在一起的时间也很少，他无法享受爸爸带来的幸福和快乐。孩子把自己的爸爸写成国务院总理，是想让自己的心理获得一种安慰，那就是：我爸爸不能常回家看我，我的确很失落，但如果我爸爸是国务院总理，我就可以允许并原谅他不经常回家看我了，这就让我没那么失落和难过了。

心理学上把这种象征意义称作替代补偿。所以，孩子撒谎是为了获得心理安慰，有时甚至是为了保护自己。但是进入青春期后，如果这个孩子还在撒谎，那就是父母和孩子的关系出了问题，是父母对孩子的不信任导致的。

如果父母在很多的事情上对孩子都没有足够的信任的话，孩子就会常常用撒谎来保护自己。他们会用撒谎来获得他们想要拥有的权利，从而让自己心理平衡。但是，很多父母一发现孩子撒谎了，就会用各种各样的惩罚或者羞辱的方式来对待孩子，孩子的成长问题便雪上加霜，对抗行为也会迅速升级。

3. 偷拿父母的钱

无论男孩还是女孩，都有可能发生这样的行为。他们刚开始偷拿的钱的数额不会很多，常常是试探性的。孩子对父母了如指掌，知道什么时候偷拿钱不会被发现，在获得成功经验后，便会偷拿更大数目的钱。

那么，偷拿父母的钱指向的是什么呢？一是孩子需要用钱来争取权利。孩子在青春期时有社会化发展的需要，而父母对钱控制得越死，孩子对钱的需求就越强烈。孩子想用钱来获得他在同龄人发展中的平等待遇，也就是说，别的孩子有的，我也要有。所以，孩子需要用钱来获得平等权利，比如，买零食、买衣服、买鞋子、买手机等。

二是孩子想用钱来发展他的人际关系。比如，昨天张同学给他买了一瓶水，李同学给他买了一个棒棒糖，王同学请他看了一场电影，他就需要用钱来对同学表达礼尚往来，否则，同学关系就无法更好地维护。

如果昨天他喝了同学的水,回家没跟父母讲,但是今天从礼尚往来的角度,他要回请人家一瓶水,就一定需要钱。当孩子向父母要钱的时候,父母会问这问那,孩子又不想说真话,长此以往,孩子便不会当面向父母要钱了,他会想办法来解决这样的问题。所以一次、两次、N次,孩子就会偷拿父母的钱来满足自己所需。

三是孩子偷拿父母的钱,是为了引起父母对他的关注。想要寻求这种关注,可能是因为父母工作实在太忙了,经常很晚才回家,孩子需要的时候见不到父母,当父母回家的时候,孩子已经进入梦乡了。第二天孩子早早起来,父母只给一点点买早餐的钱,这一天就又过去了。久而久之,孩子就想通过偷父母的钱来引起父母对他的关注。也有可能是因为父母关系不好,他们把更多的关注点放在了彼此的纠缠和冲突中,无暇顾及孩子的心理感受,他们很少关爱孩子,对孩子常常冷言冷语,或者粗暴干预,孩子就想通过偷拿父母的钱来获得关注。还有可能是因为孩子生活在单亲家庭里,通过偷拿父母的钱与其他人建立起一种新的关系,来替代不与他生活在一起的父母和他的关系,从而引起父母的重视和关注。

4. 逃学、厌学,或者不上学

孩子的这种行为,首先指向的就是父母关系。难道孩子真的是不想上学吗?难道孩子真的对学习没有兴趣了吗?答案是否定的。当父母没有带给孩子亲密的、幸福的，让孩子有归属感、有存在感的家庭关系时，孩子的心就散了。孩子希望的是，早晨高高兴兴背着书包上学，晚上快快乐乐背着书包回家。上学前，有爸爸妈妈给他拥抱和飞吻，放学后，他打开房门就能闻见妈妈做好的饭菜的味道。然后，一家人其乐融融地共进晚餐。如果是这样，那么，每天孩子的内心都是快乐和喜悦的。他愿意听爸爸妈妈的话，他的内在发展也有了动力。

如果孩子不愿意上学，厌学、逃学，家长首先要看的就是夫妻关系是不是已经十分恶劣了？甚至即将离婚，或者已经在走离婚的法律程序了？这会让孩子迅速丧失心理动力，孩子会认为做什么都没有意义了，包括上学。

有的父母长期不在孩子身边，孩子一直被留在爷爷奶奶、外公外婆家里，或者被寄养在其他人身边，这样，他就会缺乏来自父母对他的心理滋养以及认可、信任、理解和尊重，他就会有一种寄人篱下的感觉。他会感觉自己就是个累赘，是不被待见的。在这样一种心理状态下，孩子自然就没有动力去学习了。他会常常想，学习对我来说有什么用呢？即使我学习好，谁会在乎我呢？

所以说，每一个孩子的学习动力、成长动力，都离不开爸爸妈妈给他建立的一个温暖的家，给他的一种好的父母关系，给他的一份内在的稳定的心理支持。如果这些父母都能够做到，孩子的内在发展动力自然而然就是好的、强的，并且是可以持续发展的。

5. 去网吧、酒吧

很多孩子如果厌学、逃学或者辍学了，就开始去网吧，或者干脆在家里上网，产生了所谓的"网瘾"，这是让很多家长最为头痛的。

孩子一进入网吧玩起游戏来，就会没日没夜、全身心地投入网络中。即使爸爸妈妈把他从网吧带回家，或者不让他在家上网，他还是会趁机溜走或者暗中对抗，让爸爸妈妈的管教失去作用。

那么，孩子的这种行为对应的是什么呢？孩子一旦产生网瘾，就是对父母关系更强的对抗，对家庭关系更大的挑战。这种挑战往往对应的是生活在单亲家庭或者重组家庭里的父母。

单亲家庭，顾名思义，要么是父母离婚了，要么是父母一方离世。而父母一方长期不在家，孩子只跟留在他身边的妈妈或者爸爸一方生活，也会形成所谓的单亲家庭。

如果单亲妈妈常对孩子唠唠叨叨，又有很多的不信任的言行，且跟孩子发生了很多心理纠缠和捆绑的话，孩子进入青春期后，就会很想往外逃以获得自由。孩子会选择网吧、酒吧这样的场所来寻找自由。如果孩子跟单亲爸爸一起生活，爸爸又长期因工作，该回家的时候不能回家，该陪孩子的时候不能陪孩子,更谈不上对孩子的欣赏和认可,孩子就会觉得这个家是冰冷的,这个家是他不想回的。

孩子会用网络来陪伴自己,会通过网络来获得同伴的认可、赞美和支持,从网络中获得快乐,从而替代现实中父母不能满足的部分。直到有一天,他突然觉得爸爸或者妈妈变了,他们中的一方,或者双方都能够给予自己陪伴、温暖和支持的时候,他的心才从网络、酒吧中慢慢地回到家里。

重组家庭也是一样。当单亲的父母再次组建新的家庭,对于孩子来说,要么是多了一个新妈妈,要么是多了一个新爸爸,或者又多了新的兄弟姐妹。对于生活在这种家庭的孩子来说,无论怎样,他都会有爱被侵占和剥夺的感觉。孩子最在意的是这个家里是否有他的位置,谁才是最爱他的以及他是否受欢迎。

因此,生活在重组家庭里的孩子常常很敏感。一旦他收到来自父母,包括新爸爸、新妈妈任何的拒绝或者嫌弃的眼神,或者他不喜欢的管教和约束方式的时候,他就会往外逃,而逃往的地方要么是网吧,要么是酒吧。

6. 抽烟、喝酒

进入青春期后,有的孩子开始抽烟、喝酒了,这个群体不分男孩还是女孩。无论是自己一个人,还是跟同学一起,无论是聚众闲聊,还是参加聚会,他都有可能抽烟、喝酒。

孩子这样的行为,挑战的是父母能否支持自己社会化人际关系的发展。如果父母在孩子的社会化进程中和孩子关系融洽，能够为孩子做出如何处理人际关系的榜样和示范，那么，孩子就能发展出良好的人际关系。如果父母之间关系不好，父母跟孩子的关系也越来越疏远的话，孩子就会从父母的关系中游离出来，选择同伴关系。如果父母在孩子发展同伴关系上又介入太多，还进行干扰的话，孩子就会迅速被同伴这个群体边缘化。

边缘化就是朋友把孩子推远，孩子也就没有朋友了。孩子从朋友那里得到的是拒绝，朋友也会对孩子说："我们不会跟你成为朋友，所以你不要靠近我们。"而每一个孩子都希望在群体中发展自己，希望这个群体能接纳他，好让他在这个群体当中获得一些共性的发展。这时，心理学的从众效应就发挥了作用。

从众效应告诉我们，两个人说yes，第三人就会跟着，有三个人说no，第四个人也一定会跟着。孩子在青春期的发展过程中，从众效应是非常明显的。当遇到两个同学抽烟时，如果他希望成为他们的朋友，希望被这个群体接纳，他就会迅速跟着抽烟。如果一个群体中有两个人喝酒，第三个人就会迅速跟着喝。

所以，有时孩子抽烟、喝酒，是为了参与到群体中，以获得同一性认同。如果父母不了解这个部分，就会认为孩子抽烟、喝酒是学坏了。其实根本不是这样的。我自己的青春期也是这样走过来的。因为我成绩好，又是老师眼中的好学生，还是班干部和学科代表，所以很多同学对我既羡慕又嫉妒。

记得我上高一的时候，有一次上厕所，一个学习没那么好又经常被老师点名罚站的同学突然拿出一支点着的烟递给我说："你尝一下。"我当时觉得很突然，根本不想抽，但是碍于同学关系，又不想让他没面子，而且他已经给我点着了，所以我就抽了三口。我觉得这烟很呛人，然后迅速扔掉了它。同学说："没事儿，你以后也常跟我们玩玩。"他看到我也抽烟了，从此便和我成为朋友，而且关系越来越好。

7. 接触毒品

青春期的孩子接触毒品，最可能指向的是孩子没有归属感，没有家的感觉。他希望被某个群体接纳，往往容易加入一些黑社会团体，或者即使不是黑社会团体，也是经常干一些坏事的群体。一旦孩子出现了这些行为，他就会长时间陷入其中。

过去我接触的一些吸毒的孩子，多数是因为父母离婚、父母双亡、无家可归，也有因父母过度惩罚而误入歧途的。孩子心理上没有家，不愿意回家，回家后也不愿意看到父母，因此，他们通过吸毒来麻醉自己，屏蔽现实带给他们的痛苦。这个问题需要父母高度重视。

8. 打架斗殴

如果孩子与别人打架，就意味着孩子在家里常常被父母打，积压了很多的情绪。所以，当这些情绪发泄不出去的时候，他就会用打架的方式来释放他的愤怒和他的恨意。然后，孩子要找到那种打赢的感觉，以求得获胜感。所以，父母需要检查过往对孩子的惩罚是不是多了、过了、重了，是不是给孩子造成内在的伤害了。

很多家长对孩子的管教方式，要么是"单打"，要么是"双打"，这些孩子长大以后，就会选择用打架的方式来获得心理优势。他会认为，没有人能保护我，我只能靠自己来保护自己。

9. 离家出走

离家出走意味着父母对孩子的指责太多、管理太严，孩子受不了了。随着青春期力量的发展，孩子就会用离开家、不愿意跟父母住在一起来对抗父母的高压管控。孩子离家出走，只是传递给父母一个信号——孩子的内心受伤了，孩子受不了父母对他的管制或暴力。

那么，孩子真的想离开家吗？他们真的能在外面待很久吗？就我所接触的孩子而言，他们都如实地告诉我，其实当他们离开家的那一刻，他们自己是害怕的，口袋里没有钱，又不知道该去哪里。孩子边讲边落泪，我们也听得心酸又心疼。他们说，他们有时会在公园的椅子上躺着、在桥洞里蹲着，晚上就在火车站、码头等有人的地方待着，巴不得有人能够收留他们。然后，他们心里想，回去之后，父母会不会痛打他们一顿，再次将他们赶出家门。有的孩子还告诉我，他们在外面天天想着怎样才能回家，或者怎样才能让父母找到他们。

所以，孩子时时刻刻都希望父母能爱他们，带给他们温暖。

10. 自残，甚至自杀

孩子有时会用自残，或者跳楼等极端的方式引起父母的关注；或者用这样的方式摆脱父母的控制；或者用这样的方式来告诉父母，自己的压力实在太大，承受不了父母的高期待、高压力、高要求。这往往与父母的完美主义有关。

当孩子的内在一直因父母的完美主义而有"不够好"这种声音时，孩子无力承受父母带给他的这种高期待、高压力、高要求，有时就会用割腕的方式来释放压力。当他看见血流出来的时候，他感受不到痛，反而会觉得很舒服。这属于一个人的生物反馈能力。也就是血流出来时，可以迅速释放体内积压的焦虑和压力。

也有孩子偶尔会告诉父母自己是真的想死，这就需要父母高度重视了。父母需要核查的是，在与孩子的关系中，是不是控制得太严而让孩子有了窒息的感觉？是不是管得太多而让孩子感到不能独立自主、不能彰显个性？是不是要求太高而让孩子只能用抑郁或者自杀的方式来表达反抗?

所以,父母需要学习相关知识,要按照孩子的成长节奏,让孩子自己发展,成为他自己。

11. 过早地发生性行为

这个问题的原因只有两个。第一个原因是,有的孩子生长在单亲家庭、收养家庭、重组家庭中,他们长期被忽略、被拒绝或者被嫌弃。孩子会基于投射关系寻找一个同伴,希望他能像父母一样给他们关怀,给他们爱。所以,这样的孩子非常容易在青春期发生性关系。

另外一个原因就是,一个孩子早期的母婴依恋关系没有完成,或者没有得到充分满足。孩子进入青春期后,第二性征发展,身体的荷尔蒙迅速推动他们在性心理上的欲望,然后推动身体释放欲望,进而过早地发生性关系。关于这个部分,父母要给予孩子恰当的、及时的、正确的性教育。如果父母不知道该如何做,可以邀请专业人士来为孩子进行性教育,增强孩子的性认知,让孩子把握性界限,做好自身保护和彼此保护。

三、对权威的挑战

在青少年的成长过程中,有一种共同的现象,那就是跟大人在一起的时候,他会对大人不理不睬,外在表现为傲慢、无视、冷漠或者疏远。无论叔叔、伯伯,还是其他亲属,如果你还是把他当成过去的那个孩子,只是拍拍他、抱抱他，靠近他一下，他就会欢欣雀跃，那你就错了。这时的孩子内心已经跟你有距离了，而这种距离反映的是孩子对权威心理认同的变化。孩子心里会想，过去我觉得你是权威，现在我还真没把你当回事儿，关于你这个权威，我还真的要画一个问号了。

青春期的孩子对权威的挑战常常是质疑和不服。随着认知水平的提升，他们常会对权威说："你说的对吗？你说的准确吗？你说的是这么回事儿吗？为什么一定要听你的？你为什么就不能听我的呢？"

青春期的孩子对权威的这种挑战，一方面意味着孩子长大了，希望家长不要再把他当成小孩看待；另一方面说明随着孩子认知水平的提高，他希望长辈们能够尊重他的成长。但如果这种挑战超越了界限，父母就要评估其中的原因了。

孩子心中的权威者常常指向爸爸，但有时也会指向妈妈，上学以后就指向老师了。

青春期的孩子，一旦进入初二，或者个别孩子在小学六年级时，就开始对老师有不同的看法了。他们远没有小学三年级以下时那么听话、那么乖、那么服从老师了。小时候，他们常常把老师说的话当成圣旨，老师一句顶父母说100句。但是，他们一旦进入青春期，有的孩子就开始对老师品头论足了。比如，我听到有的孩子说："这语文老师真烦人，你听他说话的那个语气，实在是烦人。你看我们数学老师,我怎么这么讨厌他呢?他一件衣服三天不换,走到他身边,都觉得他身上臭臭的。你看英语老师长得多难看,讲话的时候,口水都喷出来了。再看班主任,还是个女的,衣服总是脏脏的、皱皱的。"

接下来,他们会用不愿意上这位老师的课,不想听那位老师的话,要转班、转学等方式跟父母提要求。有些父母听了就信以为真,便通过各种各样的关系给孩子转班、换老师,甚至转学校,费尽了力气。

很多父母根本不知道,这是孩子的青春期的一个必经的发展阶段。在这个发展阶段,孩子有他们自己的认知,这种认知包括独特性的认知、特征性的认知、独立自主方面的认知、内在平等的认知以及审美的认知。他们要用自己的眼睛看自己的世界,用自己的耳朵识别自己喜欢的内在声音,这恰恰是一个孩子从依赖和服从走向半独立,又从半独立走向心理成熟的表现。

回到老师的视角上,如果老师懂心理学,并懂得孩子这样的发展规律,老师对学生的挑战就会没那么在意了。否则,老师就会反感或者受伤,甚至会对这样的学生的成长造成不良影响。有的老师会把学生的行为告诉家长,或是当着全班同学的面奚落甚至羞辱他们。有的家长一听老师告状,回家便打骂、羞辱孩子,或者是严厉地体罚孩子。

老师一旦这样做,学生就会因老师的行为而更加逆反,甚至变本加厉。因此，我们希望家长和老师能根据孩子不同年龄段的发展特点，与孩子一起成长，这样才能尽量避免在孩子成长过程中走进管教误区，并降低因为不懂而给孩子带来的伤害。

所以，在这里要提示父母，当看到孩子出现挑战老师的行为时，要就孩子这个时期的心理发展规律和现象向老师解释，然后对老师表达更多的理解和共情，同时希望老师也能够理解孩子在这个发展阶段的一些外在表现。这样就建立起了老师和家长之间的良性沟通，目的是让家长和老师共同认识和识别孩子在青春期发展阶段中的一些心理变化。

家长做出恰当的引导，会让孩子在坚持自己想法的同时，也对老师有更多的尊重。我们也希望老师能在这方面对学生有更多的理解和尊重，从而让老师和学生都自然而然地越过青春期这座大山。

这里还需要提醒一些父母，孩子对权威者的挑战有时会指向妈妈。这是因为有的家庭是妈妈说了算，孩子从小就听妈妈的，在孩子心中，妈妈很能干、很要强，当然也是强势的，特别是妈妈对待爸爸的态度，有时缺乏尊重。孩子常常从妈妈的嘴里听到："这个家都是我赚来的，你爸只会吃喝玩乐，从不知道管家管孩子。"他也会从妈妈的语气中听出妈妈对爸爸的轻视。孩子进入青春期后，就会反感妈妈这样的做法，很多孩子会为爸爸打抱不平。特别是女孩，常常为爸爸据理力争。

如果妈妈没有觉察，一直不肯放下权威和说了算的姿态，孩子就会与妈妈对抗，使母女关系或母子关系变得越来越糟糕。因为，在孩子的内心，他希望爸爸是家里的权威者，或者父母双方是平等的。

但是，其他的情况也时有发生。如果孩子内心完全认同妈妈是权威者的话，可能就会对爸爸进行挑战了。孩子会认为爸爸无能，认为爸爸软弱，认为爸爸一无是处。这样，当孩子进入青春期，爸爸介入孩子的管教时，孩子就会对爸爸产生反感，爸爸的威信和尊严就不会在孩子心中发挥作用，甚至会引起孩子与爸爸之间的强烈对抗，表现为孩子对爸爸的不接纳或者蔑视。

第五章 | 青春期的第四个发展主题 ——竞争与合作

家长们千万不要忘记，青春期孩子的每一个发展主题都是从第一个发展主题逐渐发展而来的。之前我们讲了第一个发展主题是"独立与自主"，第二个发展主题是"个性与独特"，第三个发展主题是"冒险与挑战"，现在我们就开始对第四个发展主题——竞争与合作进行探索和讨论了。

第一节　竞争——成为理想中的人

> 竞争父母的爱 / 避免重男轻女 / 避免父母之间的竞争 / 良性竞争与恶性竞争 / 不要活在比较里

竞争这个词对家长来说，一点儿都不陌生。我们这个时代时刻充满了竞争。竞争的源动力是人类的进化。人类只要进化，就时刻在竞争。物种之间的竞争，体现在优胜劣汰。优势者胜出，劣势者就自然地被淘汰了。这是动物、植物进化的规律。那么，聚焦到人的培养上，也应遵循优胜劣汰的规律。打个比方，每一个青春期的孩子都希望自己成为万树丛中最高的，或是万花丛中最美的。男孩希望自己是最挺拔、最健壮、最受人瞩目的那个帅小伙；女孩希望自己是最漂亮、最温柔的那个姑娘。这就叫竞争。

因此，每一个青春期的孩子，在发展过程中都希望被看见、被欣赏、被认可、被赞美。这是每一个孩子内心最深处的渴望，这种渴望时刻支持着孩子，让他努力成为自己理想中的人。

但是，家长也好，老师也好，有没有给孩子创造条件，让孩子能够实现这样的愿望呢？如果家长或者老师能够让孩子实现愿望，孩子积极正向的竞争意识就会凸显出来，而且会越来越鲜明，同时孩子也能在竞争中获得美感，进而在同一性发展过程中，绽放青春的魅力。

首先，竞争表现在青春期的孩子的生理成长驱动上。

青春期是人类生理发展的第二个成长高峰。孩子到了青春期，身高和体重迅速增加，就像高粱和玉米似的，几周不见，就冒尖、出穗了。这是青春期的孩子的生理成长驱动力的结果。

有的孩子常常站在测量身高和体重的秤上，对家长说："你看我现在多高、多重了？明年我会更高、更重。"父母看到孩子身高和体重的变化，也自然而然地会与朋友的孩子、邻居的孩子、亲戚的孩子进行对比，看谁长得更快；有的父母会把这个月的数字跟上个月的进行对比,看看每个月的增长速度,或者把这个学年的数字跟上个学年的进行对比,看看每年的变化。

在父母进行对比的过程中,孩子接收到的就是被看见和被重视的过程。因此,孩子会因父母的重视行为而感受到自己不但长得高、长得快、长得壮,还长得帅、长得美、长得漂亮。

其次,竞争表现在青春期的孩子的心理成长驱动上。

竞争既有生理的,也有心理的。在心理上,一个孩子的竞争意识究竟从何而来呢?又是谁让孩子产生了心理竞争的呢?家长需要逐一加以探索。

第一,每一个孩子从出生开始,就天然地竞争妈妈和爸爸对他的爱,而首先竞争的是妈妈的爱。这里面要分几种情况。第一种情况,如果孩子是独生子女,他会天然地竞争妈妈的爱。有的家长可能就要问了,独生子女,不就他一个孩子吗?妈妈全部的爱不都给他了吗?他还会来竞争妈妈的爱吗?答案是肯定的。孩子从母体诞生之后,第一个成长期就是婴儿期。在婴儿期,孩子会认为,我和妈妈是一体的,我是妈妈,妈妈是我。这个时期,孩子在心理上没那么需要爸爸。孩子只需要妈妈,除了妈妈他谁都不要。因此,孩子要竞争妈妈全部的爱。

孩子的这个竞争心理最早来源于妈妈怀孕期间。孩子在妈妈的子宫里独享妈妈近300天，在这期间他跟妈妈是连一起的。孩子出生以后，虽然脐带剪断了，在生理上让孩子成为孩子，让妈妈成为妈妈，但在心理上，他们还没有完全分离，孩子仍然认为自己和妈妈是一体的。我们前面讲独立自主的时候，说到一个孩子跟妈妈的心理分离是在3岁以后才慢慢实现的。但在3岁之前，从婴儿期到幼儿期，孩子是时刻需要妈妈的。

孩子会认为，妈妈就是我的，妈妈归我一个人就好了。所以，他们才会有"我要和妈妈结婚"的想法。这个时候，孩子唯一的竞争对象就是爸爸，孩子会和爸爸一起竞争妈妈的爱。因此，家长需要评估，孩子从母体脱离以后，妈妈是否把爱都给了孩子，是否让孩子觉得"你是我的一切，我是你的全部"。如果是这样，孩子到了3岁，心里全是妈妈的爱，此时他就可以从妈妈的怀抱中分离，成为他自己了。他会该玩的时候玩，该吃的时候吃，该上幼儿园的时候就可以顺利去上幼儿园了。

如果妈妈的爱没有给够，孩子时刻没有觉得满足，自然总是想寻找妈妈，特别是母乳喂养不够的时候，孩子就会吸吮手指、啃指甲、咬被子，或者常常在睡觉时哭闹。这时孩子对妈妈的爱的竞争是身体驱动的。因此，我们会看到一个有趣的现象，那就是有的婴幼儿，一旦看到爸爸妈妈躺在一起或靠得很近的时候，孩子就要钻到爸爸妈妈中间，然后搂住妈妈的脖子说："妈妈是我的。"我的一个同事曾经告诉我，她的儿子已经8岁了，每晚都想跟妈妈睡，还常常说："妈妈，我要跟你结婚，你跟爸爸离婚吧，我不要爸爸。"可见，8岁的男孩还在跟爸爸一起竞争妈妈的爱。

随着孩子从妈妈的怀抱中离开，在心理上慢慢地分离出来，这时就需要爸爸了，特别是女孩。很多女孩会黏着爸爸问这问那，希望爸爸就属于她一个人。女孩有时也会对爸爸说："爸爸，我想跟你结婚。"因此，这个时候的女孩也跟妈妈来竞争爸爸的爱了。这同样是人的天性使然。

孩子在竞争妈妈爸爸的爱的时候，会有几个词出现。第一个词就是占有。孩子要占有妈妈、占有爸爸，而且是想一个人占有，不允许他人占有，这也叫独占。另外一个词就是获得或掠夺，这是竞争的结果。也就是说，孩子一定要得到妈妈或者爸爸的爱，谁抢走、夺走都不行，必须自己得到。而这种获得或掠夺，多发生在多子女家庭中。

多子女家庭是指生育了两个或者两个以上孩子的家庭。成长的天性驱动着每一个孩子竞争妈妈爸爸的爱。多子女家庭就会出现争夺现象。每一个孩子都在抢妈妈，要么争着、抢着要妈妈抱，要么争着、抢着跟妈妈睡。所以，妈妈有时会这边搂一个，那边搂一个，而两个孩子又都想只有自己睡在妈妈的旁边，而不想妈妈一边一个。

如果多个孩子同时都要妈妈，妈妈该如何做呢？是不是这边要搂两个，那边要搂一个呢？是不是要求大一点儿的孩子让着小一点儿的孩子呢？是不是妈妈喜欢的孩子就优先，而没那么喜欢的就总是轮不到呢？这个时候，最考验妈妈能不能给每一个孩子平等的爱了。孩子在成长的过程中，抢妈妈、占有妈妈、想得到妈妈的爱是不分年龄大小的。如果妈妈不懂得公平养育，往往会说，你是老大，要让着老二、老三；你是哥哥，要让着弟弟、妹妹；你是姐姐，要学着比他们更懂事、更听话才行。如果妈妈说这样的话，孩子之间就会形成竞争，而这种竞争的结果就是，每一个孩子都希望能够第一时间抢到妈妈，能够得到妈妈对他们的爱。

孩子也会用同样的方式来竞争爸爸。他们都想在第一时间得到爸爸的关注、重视和对他们的爱。比如，爸爸出差回来，每一个孩子都会盯着爸爸的包，猜想里面有没有给他们带好吃的，有没有给他们带礼物。如果爸爸懂得孩子的心理，就会给每一个孩子带回来一份礼物。如果是吃的，会给每一个孩子一样多；如果是礼物，会不分大小、不分贵重，每个孩子都能得到适合他年龄的礼物。这样，每个孩子都公平地得到了爸爸对他的关注和重视。

很多年前，我就遇见过这样一个爸爸：他家有5个孩子，其中有一对是龙凤胎，而其他的都是女儿，也就是说，他家只有一个儿子。这对龙凤胎时刻在竞争。上课时，他们总是你盯着我、我盯着你，要么比谁做得快，要么比谁做得好，要么比谁做得多。一个做得好的时候，另外一个便过来搞破坏，而常常是双胞胎女儿远比儿子做得好。

有一次，我让他们做一个游戏。游戏是让每一个小组吹一个气球，然后搭配其他物件，组合成一个创意作品。姐姐和弟弟被分在了不同的小组。姐姐首先把气球吹得很大，又因为他们那组配合得好，很快就完成了作品。而弟弟这组，不但气球吹得小，完成速度又慢，配合也常常出问题。于是，弟弟便拿起一个大头钉，然后背过手，偷偷溜过去要扎破姐姐那组的气球。结果被我发现了，我说："停！你手上拿的什么？"他迅速扔掉大头钉说："我什么都没拿！"我说："你刚才是不是想扎破姐姐那组的气球？"他的脸一下子就红了，然后转身跑开了。于是，姐姐就追他、打他、掐他，直到他求饶，姐姐才停下。

我就问他们的爸爸，为什么这对双胞胎会出现这样严重的竞争？爸爸说，是他偏心导致的。他每次出差，只给儿子带一份礼物，双胞胎女儿没有，更不用说其他女儿了。

这个故事也印证了，每一个孩子在婴幼儿期，基于生物属性，会天然地竞争妈妈的怀抱，竞争爸爸的爱。

第二，父母的偏心会引发竞争。偏心可以分为以下几种情况。

有一种偏心叫无理由偏心。比如，有的家庭既有儿子，又有女儿；有的家庭都是儿子，或都是女儿。妈妈也好，爸爸也好，他们会无理由地只偏心其中的一个或两个，然后忽略其他的孩子。如果一定要问他们理由，也许他们会说，有时会不由自主地偏心第一个孩子，或者偏心最小的那个孩子。

所以，心理学上常常有一个不成文的规则，叫"小二哲学"。意思是，在多子女家庭中，排在中间的孩子往往是最容易被忽略和最不受重视的。如果是这样，这个排在中间的孩子就会时刻活在竞争中，他希望通过自己各种各样的努力来获得妈妈的疼爱和爸爸的重视。

另一种偏心就是重男轻女。很多家庭，几代人或世世代代，都活在重男轻女的思想里，他们靠儿子来传承家族、传承财富、传承后代。他们只喜欢儿子，不喜欢女儿，特别是有些地区的地域文化只重视男性，而忽略女性，以致形成"女儿就是泼出去的水""女孩都是给别人家养的""养老送终都是儿子的事"等传统观念。所以，孩子出生后，当父母发现是女儿时，要么直接送人，要么不让孩子随爸爸姓，要么直接告诉孩子"我们喜欢儿子，如果你是儿子就好了"，要么跟其他家庭换男孩，要么就在养育过程中极端忽略、轻视女儿，导致女儿在成长过程中一直觉得自己不重要，常常活在被忽略、被嫌弃或者被抛弃的心理感受中。

然后，被忽略或轻视的女孩就会跟男孩竞争，嫉妒男性，对父母产生怨恨。她的心里总是憋着一口气，她会想，

"为什么我会这样？""你们为什么这样对待我？""为什么他们对儿子那么重视？"。所以，这些女孩一旦进入青春期，就会表现出"我一定不能输给男孩"的竞争心理，对男孩不服气，常与男孩进行比较，继而发展成为"哥们儿""爷们儿""女汉子"等被标签化的形象。

第三，孩子的父母活在彼此之间的竞争中。

有的孩子的父母往往不知道自己活在彼此的竞争中。这种竞争是与父母过去的成长背景和生活时代密切相关的。如果孩子的父母出生在物质匮乏或者有灾难的年代，其家庭自然活在求生存的竞争中。于是，勤俭节约就成了美德，铺张浪费就会被人耻笑。每个人都希望自己能被父母重视，但是父母因为家庭经济条件有限，自然不能兼顾每个孩子，这就导致很多家庭即使过年了，也不能保证每个孩子都有新衣服穿。所以，有些孩子最渴望的就是新衣服，却只能眼睁睁地看着哥哥、姐姐，或者弟弟、妹妹穿上新衣服。这就在孩子的心底埋下了一个"梗"，然后到了谈婚论嫁的年龄，生活在同一时代背景下的两个人就会带着这种时代的成长印记，把这种竞争继续复制到自己的恋爱和婚姻关系里。

孩子的父母间的竞争关系，往往有这样几种表现形式。一是因为同学关系而成为夫妻的，往往活在竞争里。同学包括小学同学、初中同学、高中同学、大学同学。恋爱时，两个人常因相似性而情投意合。一旦结了婚，他们便开始比学历、比收入、比权力、比地位。他们也会把竞争带入自己孩子的养育过程中，比谁带孩子更好、更有效果等，让彼此的关系因为竞争而变得没那么融洽。二是因为同事关系而成为夫妻的，若又存在上下级隶属关系，往往会把竞争的议题带到婚姻和家庭当中。两个人总想争谁说了算、孩子听谁的，进而影响到孩子。他们的孩子进入青春期后，自然也会进入这样的竞争模式。

比如，他们的孩子会特别在意学校老师、班主任器重谁、喜欢谁。为什么老师没有选自己做班长？为什么老师上课总是提问别人而不是自己？为什么受表扬的总是别人而不是自己？如果从积极的意义上说，这种竞争会推动每一个孩子向更好、更健康的方向发展；但从消极的角度上说，这样的孩子太在意成败，从而常常活在嫉妒和竞争里。因此，我们希望班主任老师能够关注孩子的积极竞争意识，同时给予每个孩子恰当的认可和重视。

如果孩子的父母活在竞争关系中，这常常会导致一个家庭分成两派，孩子会与其中强势的一方结盟，来对抗、攻击另一方，从而导致孩子与另一方形成竞争。比如，儿子跟妈妈好，那他跟爸爸关系就不怎么样；女儿跟爸爸好，那她就常会跟妈妈起冲突。这就是我们说的"分成两派"。

在孩子父母的竞争关系中，孩子也会自然选择结盟。结盟就是每一个孩子都希望选择能够保护他、支持他的一方，然后与其形成合力。一个常见的现象是，妈妈常常会和儿子结盟，而爸爸常常会和女儿结盟，特别是父母关系不好时，妈妈会自然选择与孩子结盟。在这样的家庭中，孩子就不能学会良性竞争，而只会习得恶性竞争模式，这也导致了家庭里经常发生争斗，或者是常有一方无端挑衅。所以，如果父母懂得如何建立亲密关系，如何发展和谐关系，如何彼此表达关爱和尊重，孩子就会慢慢从恶性竞争走向良性竞争，从而让彼此的关系更加融洽。

我们常在一个学校或者班级里看到有些女孩跟男孩竞争。女孩想表现出来的是，我绝不比男孩差，男孩能做的我都能做。她们有一种永远都不服输的心理。从成长的角度来说，我们当然希望每一个女孩不落后于男孩。但是，我们要知道，男性和女性个体差异是非常大的，如果一个女孩的竞争意识非常强烈，那么，她在成长过程中就会超负荷，这会消耗她过多的生命力，导致她因体力透支而变得不快乐。即使她超过男生了，那种成功后的喜悦和兴奋也会转瞬即逝。因为，她要的是那种赢的感觉，或者是一种打败对方自己好解气的感觉。所以，她之后又会迅速投入下一轮竞争中，而让自己永远立于不败之地。

父母还要评估在多子女家庭中，孩子是活在妈妈的竞争里，还是活在爸爸的竞争里。如果活在妈妈的竞争里，孩子竞争的焦点就指向"亲"的部分，也就是孩子更多地表现出不由自主地想从妈妈这里获得身体上的依恋。如果活在爸爸的竞争里，孩子要的就是"爱"，也就是说，孩子想从爸爸这里获得更多的关注、重视和认可。

我们希望青春期的孩子们能形成"比、学、赶、帮、超"的学习风气和成长氛围，收获油然而生的喜悦、感动，取得成功并实现自我价值。我们也希望家长和老师能够为孩子创造出这种健康的竞争氛围，让孩子健康成长。前不久，我看到一则报道：某省的一位老师在孩子毕业的时候，因为孩子送给其他老师花而没送给她，就向孩子吐口水，并且辱骂孩子。最后，这位老师的教师资格被取消了。这说明这位老师也活在竞争里。所以，当竞争发生时，她内在积压多年的愤怒和怨恨就爆发了。

那么，如何区分恶性竞争和良性竞争，如何引导孩子进行良性竞争呢？

就竞争环境而言，我们生活的这个社会就是一个竞争的社会。孩子在青春期的竞争表现在多个维度。

一是权利的竞争。权利的竞争包括两个方面，一是权力的"力"，同时也是力量的"力"，用英文表达是power。二是权利的"利"，同时也是利益的"利"，用英文表达是right。前面这个权力是由国家公权力派生而来的，也就是每个人都希望有统治、管理、控制的权力。这个权力在青春期的发展上，表现为很多孩子希望当班长，当大队长，当团支部书记,当学生会主席、部长等。有的孩子则争当国旗手、升旗手、运动会的主持人等,这些其实都属于权力的范畴。

权利则是每一个人都拥有的普遍性权利。比如,我有权利被评为三好学生,我有权利成为共青团员,我有权利进入学生会。

但是,现在的竞争环境让很多孩子更希望获得"权力",希望自己崭露头角,受人瞩目。对此,有些父母的做法就不太恰当了。为了满足孩子获得"权力"的愿望,家长跟老师拉关系,给老师发红包、送礼物等。如果孩子本身具备相应的能力,而父母却用这样的方式让孩子获得权力,孩子会觉得即使得到了这个权力,也不是自己的功劳,而是父母的功劳。孩子在发展过程中就会觉得是父母替他达成了目标,这就影响了孩子的价值感。有时,也许孩子没那么强烈的竞争意识,而父母非要把他推上去,父母的恶性竞争意识在后面做助推力,推动孩子参与班长的竞选、学生会的竞选、主持人的竞选、国旗手的竞选等。

孩子通过自己的努力竞选上了,就叫良性竞争,孩子就会因为获得了更多的欣赏、赞美、认可,而感到骄傲和自豪。因此,涉及权力和权利的竞争,我们希望每一个孩子都有权利参与竞争,而不是父母代替孩子去竞争。

二是资源的竞争。资源的竞争包括学区、重点学校、重点班、重点班主任等资源的竞争。以深圳为例,很多家长不惜重金买学区房。虽然自己已经有了房子，但不是名校的学区房，家长就会起早贪黑地赚钱，攒钱买学区房，目的是让孩子去名校就读。还有的家长会创造各种条件让孩子从普通学校转到重点学校，无论是小学，还是初中，家长都煞费苦心，甚至有的家长为了孩子能上好的幼儿园，不惜花费重金。

其实，从孩子的成长角度看，家长这样做，会在孩子心里形成这样的印象：我是通过父母的关系和途径，而不是自己的能力和努力，获得这样一个竞争资源的。如果孩子本身学习成绩好，各方面都优秀，他完全可以靠自己的成绩考到名校。所以，父母这样做，对孩子的自我价值来说，是一种否定，或者说是一种亵渎。

我有一位朋友，他的孩子学习成绩非常好，但他仍然在孩子小升初的时候，花重金买了一所名校的学区房。结果，他的孩子根本没借助这个学区房的优势，而是靠自己的成绩，被这个学校自主招生招了进去。孩子收到录取通知的时候，妈妈说："早知道你能自己考进去的话，我们何必花那么多钱，多年节衣缩食，为你买这个房子？你知道我们的压力有多大吗？"孩子说："又不是我让你们买房的，是你们自己想买的，这跟我无关，以后少跟我说这些事。"

可见，孩子非常不愿意背负父母以爱的名义而让他承受的心理债务。这个例子告诉父母，父母常常担心孩子不能通过自己的努力获得某种资源，而当孩子通过自己的努力获得这样的资源时，父母又说孩子给父母带来了压力，这就让孩子接收到了矛盾的信息。这会使孩子感到迷茫，并在恶性竞争和良性竞争的不同轨道上徘徊。那么，父母究竟是希望孩子走他自己的路呢，还是借助父母的关系成长呢？

我们赞成、支持父母推动孩子脚踏实地地努力获取竞争资源。否则，父母会因为自己的恶性竞争意识，在有了学区房以后，还要给孩子选重点班、重点班主任，以及之后的种种资源。

我们看到的另外一些现象是，有的父母创造条件让孩子去了重点学校重点班，结果却是，孩子因为跟不上重点班的节奏，上着上着就辍学了。这样的例子屡见不鲜。有的爸爸揠苗助长，让孩子跳级进入重点班；有的妈妈本身是学校老师，而且是优秀或者骨干老师，她们也会把自己的孩子硬往重点班送，结果导致孩子非常沮丧，因为无价值感而厌学、辍学。

所以，父母如果想推动孩子朝着积极、正向、健康的方向发展，就要按照每个孩子的成长节奏，以及他的个性和特长，发挥孩子自身的优势来获取相关资源。父母帮孩子也要帮得恰到好处，既不要揠苗助长，也不要借助自己的资源和优势，在孩子本身能力不够的时候生拉硬拽，而给孩子增加无限压力。

父母要知道,竞争资源应该和孩子的能力相匹配。父母想获得竞争资源,这是父母对孩子的期待。同时父母需要评估孩子能不能满足父母的期待,如果能满足,说明孩子的能力够强,父母要欣赏孩子,彼此的关系自然就会往良性方向发展。如果孩子不能满足父母的期待,父母再用权力压孩子,孩子可能就会用不参加考试、不上学来对抗父母。

三是机会的竞争。机会的竞争包括小升初、中考、高考,以及各种国际考试。机会对每一个人都是公平的。每年高考、中考时,都有新闻报道一些作弊行为,甚至个别地方还出现了代考的现象。

当某些机会来临时,如果父母抱着无论用怎样的手段都必须要获得这个机会的想法,孩子也就会习得不择手段的做事方法,学会弄虚作假、投机取巧,用各种不正当的手段获得公共资源、争夺稀缺资源,从而进行恶性竞争。父母如果告诉孩子,我们就是要凭自己的努力,考到哪个学校算哪个学校,孩子就会发展出公平、守序、正义的价值观和人生观,从而与同龄人公平竞争。他在未来也会朝着这种健康的方向发展。

四是技能的竞争。技能的竞争包括各种体育项目的竞赛,也包括演讲、作文、声乐、器乐艺术类的技能比赛等。以钢琴为例,每年都有钢琴考级,有四级、六级、八级、十级等。还有各种奥赛,包括数学、物理、化学等。但是,在所有的比赛中,父母的态度决定了孩子是要靠实力和努力获得好成绩,还是靠投机取巧获得名次。

以钢琴考级为例,很多家长说,孩子要去上考级老师办的辅导班才能通过考级,否则,就很难通过。还有的家长说,孩子要参加学校老师推荐的校外辅导班,某个学科的成绩才能过,否则就过不了。还有那些组织各种技能比赛的主办方会采用各种各样非公平的、非正常的方式,引发恶性竞争。这样一来,有的孩子一旦知道存在着非公平竞争,他对技能的学习和钻研就没那么大兴趣了。孩子会认为,既然可以通过弄虚作假获得资格,那我为什么还要去努力学、努力练呢?

因此,我们倡导把公平竞争的意识植入青少年的成长过程中,净化孩子的心灵。社会的良性运行也时刻在呼唤良性竞争,恶性竞争迟早会被慢慢淘汰。前不久有一则新闻说,某省的高考出现了"掉包"事件,本来应当录取的是A同学,结果他的名额被B同学给换掉了,而且B同学现在已经研究生毕业了。后来,B同学的学籍被取消了。

综上所述,我们看到,市场竞争、社会竞争、人才竞争时刻在进行。孩子的成长竞争,说到底就是人才竞争。国家和社会所需要的人才,是脚踏实地、勤奋努力、积极进取、乐观向上的人才,只有沿着良性竞争的轨道走过来的孩子,才会逐步成为社会的中流砥柱。

那么，如何发展良性竞争关系呢？

发展良性竞争关系，父母需要做好榜样。父母可以直接告诉孩子，竞争是希望每个人都变得更好，结果固然重要，但更重要的是在竞争中每个人都尽其所能地表现出努力、向上、积极、阳光、乐观的态度。另外，父母对所有的事情应持有不服输的精神，不要有"我怕输"的想法。不服输是想把事情做得更好的执着追求和坚韧态度；而"我怕输"是对自己内在力量和外在能力的怀疑，是"非我莫属，我必须赢，我非要打败你"的意识在作祟。父母如果能做到不服输，孩子就更容易学会良性竞争。

接下来的问题是，父母或者老师该怎样让孩子从恶性竞争中走出来呢？这里最重要的是，父母或者老师不要让孩子活在循环往复的"比较"里。

孩子非常不喜欢三种比较，一是父母习惯把孩子与自己兄弟姐妹家的孩子进行比较；二是老师习惯把孩子与班里其他同学进行比较；三是父母把孩子与小时候的自己进行比较。这三种比较一旦出现，就会引发孩子的恶性竞争。因为，大人在进行比较的时候，不会说孩子做得有多好，学习有多努力，人有多聪明，而常对孩子说：你不如堂哥，你不如同学，你不如跟你一样大的时候的我，我那时比你强多了，等等。

这直接伤害了孩子的自尊，特别是有他人在场的时候，会让孩子没面子,会让孩子的自我价值迅速降低,从而引发孩子的愤怒。久而久之,有些孩子就开始用不考试、逃学、辍学、撒谎来对付父母了。比如,有的孩子考试没考好,就说试卷丢了,或者是成绩单出来之后,本来得了59分,他却说自己得了95分。其实,孩子这样做,无外乎是想从父母那里获得一些认可。可是,父母不但不认可孩子,还一再用比较让孩子活在恶性竞争的偏差行为里。

写到这儿,我要讲一个案例了。这是一位妈妈对我说的,她也希望能把这个案例公布出来,让大家一起学习。这位妈妈说,她有两个儿子,大儿子今年19岁,考上了北京大学,小儿子只有12岁,目前的状况让她很担心。这个孩子一直厌学,之前上的是公立学校,因为跟老师的关系出现问题,便转去了国际学校。但是情况并没有多大改变,上课勉强应付,做作业更是拖拉、散漫。父母给他请了助教来辅导他的作业,他就只在上课时间把老师布置的作业写好,从不主动思考、复习,极少看书,所以成绩一直很差。他很快就要升高中了,父母很担心,和他谈考高中会面临的挑战,他听了,每次都说会好好努力,但过一会儿就忘了。学习差,父母还可以忍受,现在他的最大的问题是太迷恋游戏了,一玩起游戏,什么都不管不顾。比如,某天下午他要去上一个培训班,已经快到出发的时间了,妈妈让他吃点儿水果就去。可是出发的时间到了,妈妈发现他还在玩游戏,也没换衣服，就大声训了他。他一生气，就说不去了，又哭又闹的。可那是一对一的课，老师也一直打电话等他，后来好说歹说，拖了好久才去。像这种情况，之前也发生过很多次。每次他一看还有一点儿时间，就会玩游戏，而只要玩，就必须玩尽兴。事后，父母和他聊过让他好好安排时间，他说道理都明白，就是忍不住，又说不让父母管，他要自己自由支配电子产品的使用时间。妈妈觉得父母在这方面对他已经很宽容了，只要是节假日，他基本上都可以玩游戏。妈妈最近和他约定，晚上9点钟以后不许玩了，他同意了，但经常拖到9点半以后。妈妈也尽量不生气，多数时间还是由着他的。还有，这个孩子好像不需要朋友，也从来没有想过要出去找朋友玩儿，总是自己一个人，即使玩游戏累了，也只是在阳台转一转。父母想了很多办法，总是看不到他改变的迹象，都快绝望了。

以上就是父母把两个孩子进行比较的典型案例。这个妈妈在不经意间把小儿子跟大儿子进行比较了。只是这个比较是隐性的，而不是挂在嘴边的，但是小儿子时刻都会觉察到妈妈的比较，而活在自己不如哥哥、自己不够好的心理中。妈妈会认为她把大儿子培养得很成功，大儿子顺利考入了北大，是高才生，让父母有面子，他自己也受人瞩目和称赞。但是，这个小儿子恰恰跟大儿子不一样。她希望小儿子和大儿子一样让她省心，不用她操心就非常自律，但小儿子就是做不到。这时，妈妈需要给予他更多的接纳、允许和陪伴，同时爸爸也需要给予更多的鼓励和认可。

她常把大儿子的独立自主与小儿子的拖拉磨蹭进行比较，或者想大儿子已经考上北大了，而小儿子什么时候能够赶上大儿子呢，大儿子从来不让她操心，而小儿子整天让她操心劳神还不见效果。当小儿子收到来自妈妈或者爸爸的这些要么显性、要么隐性的比较，这个孩子就会越来越拖拉，越来越懈怠，情况也就会越来越糟糕。如果父母不做出改变，也许这个孩子就会用不参加升学考试来对抗父母。这样，孩子的前途就会葬送在父母的比较中。

所以，父母需要尽早改掉比较的习惯，提升对孩子个性化的认识，明白他和哥哥存在差异，及时发现孩子的优势和长处，并对此进行欣赏和认可、支持和鼓励，用孩子喜欢的方式来培养他。这样，孩子才能回到正常的轨道上，从而发展自己。

最近，据说教育管理部门要求学校取消学生的成绩排名。这听起来是件好事，但实际操作起来可能还是"换汤不换药"。老师和学生早已习惯了多年形成的或明或暗的排名，特别是在中考和高考前。有的学校只排前面十名的学生，而不排后面学生的名次，或者有的老师用调换前后座位的办法来代替考试排名。电影《少年的你》中，就有考得好的学生课桌往前调，考得不好的往后换座位的场景，刚好是现实的写照。如果是这样，孩子们仍然活在时刻被比较的心理压力中。

与此对应的，我们还看到现在老师在对学生的操行评定方面，会用A⁺、A、A⁻、B⁺、B、B⁻、C这样几个等级来加以划分。孔子说"有教无类"，意思是不要把学生分出三六九等，但现在很多学校设尖子班、火箭班、红旗班等，就是让学生活在永无止境的比较里。目前，学校的教育管理、班级的排名、中高考制度的设计，从发展的角度看，可以推动学生的向上意识，但也制造了一个竞争的氛围。

我们希望这个竞争的氛围是良性的。如果老师常常把坏学生和好学生进行比较，又把坏学生分出几等，比如，有的被归入学习成绩不好的，有的被归入品行差的，或者有行为偏差的，这就会让学生非常反感。学生长期处于这种被比较的环境中，就学会了恶性竞争。

恶性竞争的孩子会表现出以下几个特点：第一，孩子会投机取巧。比如，孩子做作业的时候，有10道题，他只做8道。当你问他是否做完了，他会说做完了。但你一检查，他有两道没做，他就看你能不能发现他没做的题。第二，弄虚作假。有的孩子考试时，为了成绩好，会打小抄，甚至会让学习好的同学帮助自己答题。第三，在学校里拉帮结派。每一个孩子都希望在学校里能得到保护和帮助。因此，有些孩子就会在学校里拉帮结伙，自称"老大"。有的孩子在这个团伙里三天，再被另一伙拉过去四天，这就会导致打群架。还有一种情况是：如果你跟我好的话，我就可以保护你；跟我不好了，就会挨打。中学生中收"保护费"的现象，就属于这个范畴。第四，在恶性竞争里的孩子，常存在侮辱、诽谤同学的现象。这样的孩子会说他不喜欢的同学的坏话，编造谣言，侮辱诽谤他人。他们常会编造一些谣言，破坏同学形象，损伤同学人格，让同学一直活在胆战心惊的伤害里。第五，故意伤害竞争对手。我听过一个故事，某所重点中学重点班级，一次考试成绩公布了，原来总排第一的女孩落到了第三名，结果这个女孩就用裁纸刀在考第一名的女孩的后背上划了一刀。划完以后，这个女孩竟然很得意，她表示，我就是划了你，怎么样吧！这就是典型的恶性竞争。第六，常常排挤学习好的同学。那些活在恶性竞争里的孩子，常常排挤那些学习好的同学。仍然以《少年的你》这部电影为例，这部电影里的那位女孩经常考第一，结果就被那些成绩不好的女孩排挤、打压，认为她出风头，直到她最后被害。最近还有一部电视剧叫《隐秘的角落》，也讲了一个成绩非常好的男生遭到其他同学的嫉妒的故事。所以，恶性竞争往往会引发嫉妒，最坏的结果就是你死我活，这不禁引人深思。

　　如果父母对这个部分不关注、重视、回顾和梳理，那么，孩子成年后，就仍然会把恶性竞争带入他的大学生活，带入他的职场，甚至带入他的婚姻里，去重复父母的过往之路。所以，我们希望父母或者老师加强自我学习、自我觉察和自我成长，让孩子成长得更积极、更阳光、更健康。

第二节　合作——联结的渴望

> 发展友谊 / 父母关系的影响 / 老师的影响 / 性格与兴趣爱好的影响

合作是每一个孩子的发展过程中有关人际关系的发展需求。每一个孩子会因为人际关系才想要发展合作的能力。合作也是每一个孩子对于联结的需求。人类的五大天性之一就是联结。每一个生命从出生以后，就有联结的渴望和联结的需求。这种联结的需求就是合作。

在儿童期，孩子就时刻与妈妈联结着。孩子会看妈妈的脸色行事，妈妈开心了，他就开心；妈妈不开心了，他就乖乖地藏在妈妈的怀抱里，一动不动。这就是孩子用察言观色的方式来跟妈妈建立合作。如果妈妈不开心了，孩子还动来动去，他就可能会挨妈妈的打。所以，每一个正常的孩子都特别聪明，他知道什么时候可以通过联结来满足自己的需求，什么时候可以通过察言观色让自己获益或者少受伤害。

当孩子进入青春期时，孩子在合作上就表现出发展友谊的需要了。每一个孩子都想通过人际关系来发展他的友谊。这种友谊就是交朋友。青少年时期所建立起来的友谊，在人生的旅途中是最珍贵的，也是相对来说最稳定、最牢固的。因为这个时期的友谊，没有掺杂任何利益和权力的色彩，它既没有利益，也没有利害，彼此最为珍惜。孩子的内心是非常纯净的，他们是用真心真意、真情真性来建立朋友关系的，所以彼此都是特别在意对方的。

我之前讲过，孩子第一个要发展的是同性同伴，包括同班的、跨班的同龄同伴。即使不是同学，每一个孩子也希望在与自己出生时间大致相同的人里找到好朋友。比如，他们可以通过网络聊天、网络游戏找到朋友，特别是像《英雄联盟》这样的网络游戏，会把不同城市、不同省份的孩子都连接在一起，他们玩同一款游戏，并在游戏里获得同一性发展，从而获得友谊。

孩子通过网络和游戏，了解同龄人都在说什么、做什么、喜欢什么。这是一种合作的需要。以《英雄联盟》这款游戏为例，他们如果没有合作能力，是不能玩到一起的。合作能力差的只能玩一两局，到第三局就没有人跟他玩了，甚至会被人家迅速踢出游戏。这是检验一个孩子进入青春期以后合作能力发展得好与坏的重要标准。

上一节的案例中那位妈妈说，自己的孩子不出门、没有朋友。你以为他真的没有朋友吗？那是妈妈期待他能够在现实中交朋友。很多孩子可以在网络上交到朋友，如果他跟你的关系好，他就会告诉你他的真实情况。父母不知道孩子交朋友的渠道和方式，就认为他没有朋友，这是父母对孩子的误解。

因此，我们希望父母对孩子有更多的、更确切的了解。只有这样，父母才可以在孩子的成长过程当中给予他指导和帮助，为他指点迷津。

那么，孩子的合作能力是如何发展出来的呢？它又受到哪些因素的影响呢？

第一，孩子的合作能力受父母关系的影响。父母需要核查夫妻关系是怎样影响孩子的。夫妻关系越好、越和谐、越亲密，孩子就会从父母的夫妻关系中学到更多、更好的合作方式。孩子会学到如何表达爱，如何表达感激和欣赏，也会学到如何处理差异和冲突。这些都属于合作的范畴。父母要注重培养孩子在差异、不同、矛盾和冲突等方面的处理能力。

比如，有个家长告诉我，他的儿子说将来考上高中以后，就要租房子自己住，而不与宿舍的其他同学一起住。我们有理由判断这个孩子在合作能力上出现了一些问题。所以，父母遇到这种情况就要回头检查，父母关系是不是冷漠的、疏离的，是否常常发生冲突，要么吵架，要么打架。如果是这样的话，孩子在人际交往中，就不太容易与他人建立起合作，发展出友谊，而只能离群索居。

我们希望父母从孩子出生，就让孩子看到良好的夫妻关系，让孩子看到父母之间是有爱的，父母是互相支持、呵护的，同时又让孩子看到父母之间即使发生矛盾和冲突，也允许对方表达各自不同的想法，允许彼此有差异和不同，允许各自保留自己的习惯和界限，然后求同存异。这样，孩子就从父母的关系中学会如何发展他的人际关系。而这个能力一旦发展出来，孩子不管是住校、寄宿，还是进入大学，乃至进入社会，都可以在复杂的人际关系中得心应手、游刃有余。如果父母关系没那么好，或者有的孩子生活在单亲家庭中，缺少这方面的指导，孩子的合作能力就会有所欠缺。这样就需要父母请专业人士进行辅导了。

第二，孩子的合作能力受老师的影响。很多时候，我们会发现，有的孩子某门学科学得好，是因为喜欢那位授课老师，而某门学科学得不好，也是因为不喜欢授课的老师。这恰恰又是合作所导致的学科发展不均衡现象。老师和家长都希望孩子不要偏科。如果孩子出现偏科的情况，家长就需要与老师一起，对孩子表达更多的欣赏和认可，建立起一种新的、平等的交流互动关系，而不是让孩子感觉他不喜欢的老师是坏老师，从而引发孩子对老师不恰当的心理投射。这样，孩子就不至于受他不喜欢的老师的影响，导致某门学科的成绩一落千丈。

第三，孩子的合作受性格发展的影响。比如，我们在第二个主题"个性与独特"中讲到了有的孩子内向，有的孩子外向，这属于孩子在性格上的不同。有的家长喜欢外向的孩子，自己的孩子可能就与外向的孩子关系好；有的家长喜欢内向的孩子，自己的孩子就和内向的孩子关系好。在孩子进入青春期后，孩子的性格会影响他的合作能力。比如，有的内向的孩子看到老师常常喜欢主动、活泼、开朗的学生，就选择避而远之，不与老师建立合作关系；而有的外向的孩子看到老师总是喜欢老实听话的，就闷闷不乐，或者故意向老师挑衅。这些都可能会导致孩子被边缘化。

我们希望家长能了解孩子，无论是内向的性格，还是外向的性格，这二者并没有好坏之分，孩子也都会用自己的方式建立起自己的人际关系。我们也希望老师对待每一位学生，都能看到他独特的部分，然后鼓励他用自己的独特方式建立起属于自己的人际关系。

即使有的孩子只有一两个朋友，也不见得他的人际关系就是差的。所以，父母要看到孩子的差异，尊重孩子，让孩子用他的方式建立他的朋友圈，而不是以父母的喜好来决定。

第四，孩子的合作受兴趣爱好的影响。孩子往往通过他的喜好来发展他的合作，建立他的友谊。比如，有的孩子特别喜欢音乐，就愿意与喜欢音乐的孩子一起唱歌、弹琴、聊单曲；有的孩子喜欢植物，就愿意约有同样兴趣的同学和朋友去植物园欣赏各种各样的植物；有的孩子喜欢某一项运动，就会与有同样喜欢运动的孩子一起玩；有的孩子喜欢动物，就自然会与喜欢动物的朋友一起养猫、养狗、养鸟、养虫。

孩子会在有相同喜好的圈子中迅速结交朋友，而这种友谊一旦建立起来，就是非常稳固的。孩子会通过兴趣爱好在与同伴的互动中产生、培养灵性，提升创造力和创新思维。一个人的完整成长，是身、心、灵三部分整合式的成长。我们也希望在孩子的成长中，父母能更重视孩子灵性的发展。父母要做的，不仅是让孩子在母婴依恋期完成成长发展；还要在少儿期，让孩子通过接受各种各样的教育完成认知发展；更要根据孩子的兴趣爱好，让孩子获得灵性发展。这样，孩子就会在身、心、灵三方面得到一体化的发展。

孩子从少儿期走向青春期，又从青春期走向青年期，他一路的成长，包含着家长时时的关注、关爱，也凝结着老师对孩子的正向的引领和爱，这样，孩子就获得了良性、健康的发展。

第六章　青春期的第五个发展主题——成功与挫败

青春期的发展主题从"独立与自主""个性与独特",到"冒险与挑战",再到"竞争与合作"一步步地演进,与之相对应的,孩子也在这样一步一步地发展。在进入青春期的高段时期,也就是高中阶段,孩子的生理年龄快满18周岁的时候,"成功与挫败"的发展主题就越发凸显出来。

第一节 特殊的青春期尾声

心智成熟的标准 / 自我同一性 / 价值感与获得感 / 父母欣赏与自我认同

我把这个主题放在最后,也是根据每一个孩子在青春期的心理发展规律,以及孩子成长的必经阶段,而作出的经验性总结。

那么,这个阶段家长需要注意什么呢?

第一,这个阶段与青春期接近尾声的年龄有关。

我在第一章讲过,女孩大概从10周岁起,男孩从12周岁起就进入青春期了。对于生活在亚热带、热带地区的孩子，其青春期的起点年龄还会提前一两年。青春期的终点年龄，一般是18周岁，或者是再延后到25周岁。之后，青春期就正式结束，孩子就进入了青年期。

快到18周岁的时候，社会认知会让孩子有马上要成为成人的紧迫感。因为在中国，年满18周岁就被法律认定为成年人了，就要独立承担法律责任，而不能再依赖父母和他人了。因此，每一位家长都希望到18周岁的时候，孩子的生理和心理都已成熟。

考量一个孩子心智是否成熟，往往要看他的情绪、人际关系以及偏差行为。如果他的情绪相对稳定，人际关系也相对良好，又没有出现其他偏差行为，我们就推断这个孩子在进入18周岁的时候，他的心理发展也足够成熟，能与他的生理年龄相匹配了。

那么，我为什么会在前文提到有的孩子的青春期会延迟到25周岁呢？这是和孩子的成长背景以及父母的养育情况息息相关的。我看到，在很多独生子女的心理成长上出现的滞后或者心智不成熟的现象，这或多或少存在一些共性。所以，父母需要评估，孩子进入青春期后有没有从第一个发展主题"独立与自主"开始，逐步发展出一个又一个新的发展主题，而当孩子快18周岁或者已经18周岁时，他是否能够在走向成功的道路上接受挫败。如果孩子能够成功应对这个挑战,"成功与挫败"的发展主题就顺利完成了,孩子就完成了青春期完整的心理成长目标,自然进入青年期。

第二,"成功与挫败"这个发展主题直接指向的是青少年"自我同一性"发展的终结。

"自我同一性"就是一个孩子完成了"我是谁"的这样一个心理发展目标。心理学常说,"我是谁""我在哪儿""我将要去往何处",这是心理学的灵魂三问。每个人在心理成长的过程中,也都需要回答这三个问题。如果父母能够回答出这三问,相信父母就能在孩子青春期的发展过程中给予孩子必要的、及时的、恰当的指导,让孩子到18周岁或者25周岁时,能顺利达成这个发展目标,让孩子能够成为他自己:喜欢学习,并热爱他的工作,同时也清楚未来的发展目标和价值追求。

所以,在这个过程中,父母要不断推动孩子,让孩子知道他需要靠自己的心理成长来发展自己。父母与孩子都要经常核查,孩子对自己的学业、专业、职业规划是否有足够的兴趣,且能够进行自我管理?他是否还需要父母担心?在人际关系或者与权威者的相处中,他是否存在困难?在亲密关系的选择和建立上,他是否有足够清晰的认识,并且不需要父母介入?他还有多少事需要父母给他解惑?如果孩子能够清楚地回答这些问题,孩子的"自我同一性"发展就顺利过关了,孩子就有了"自我"的概念,成了和父母不一样的自己，就可以作出跟"自我"相关的选择，并且能为这些选择负责。

第三，"成功与挫败"是青春期孩子在价值感、成就感和获得感上的整合与统一。

孩子的价值感，我在第一个发展主题中讲过，指向一个孩子独立的"立"，多与爸爸或者像爸爸一样的权威者带给孩子的欣赏、赞美、肯定、认同有关。孩子如果觉得自己在父母眼中有用，并经常被欣赏、被认可，他就获得了高价值感。孩子就可以带着他的兴趣和好奇，用他自己所学的东西发展自己，并在"独特和个性"发展主题上绽放自己，成为和别人不一样且有价值的人。

曾经有一个从外省来到深圳的家庭，找我做家庭治疗。这个家庭有一个15岁的女孩。爸爸、妈妈过去都是老师，而且爸爸是优秀班主任。这个家庭中所呈现的问题是，这个女孩从初二起就不愿意上学了，从初三开始辍学，后来她被精神科医生诊断为"重度抑郁"，当然还有其他的症状。孩子到目前为止，服用了四五种精神类药物，症状没有得到明显改善。

我跟他们建立了初步联结后，这个女孩就边哭边跟我滔滔不绝地说她自己有多不好，同学不喜欢她，老师不喜欢她，爸爸、妈妈不喜欢她，她也不喜欢自己。她认为别人是嫌弃她的，自己常常活在一种罪恶感里，包括她出去买东西,比如买衣服、吃的、喝的,买完以后,她都有罪恶感。她说:"我为什么要花爸爸妈妈这么多钱?我为什么又管不住自己?花完以后,我又为什么要后悔、自责、内疚呢?我不花这些钱不行吗?"

我在想,这样一个15岁的女孩为什么会有这些想法。这些想法又是从哪里来的呢?可以看出这个孩子已经形成了一种心理模式,那就是,每一个"利己"的行为出现之后,就会迅速跟进一个负面的想法。这个负面想法就是"我不好""我不被喜欢""我是被嫌弃的",甚至"我是罪恶的"。之后,我就探索这个孩子为什么会形成这样的想法。后来,这孩子告诉我,是因为过去爸爸喝完酒就打她,然后说她这样也不好,那样也不好。

我就去跟爸爸核查,并问爸爸过去是否欣赏、认可过这个孩子。爸爸说,过去的确打过她,但是每次打她都是希望她能学得更好、名次更靠前,父母也会当着别人的面说她好。然后,我就问爸爸:"你有当面跟女儿说她足够好吗?"这时,妈妈迅速插话:"这个孩子从小学一年级到五年级,学习成绩是非常好的,在班上名列前茅,但到了初中,她就开始不愿意上学了。"

我建议爸爸当面对女儿表达欣赏和认可,可是爸爸表现得有些困难。于是,我评估,孩子的这些负面想法来源于缺乏爸爸——这个在女儿心中的权威者的认可。如果孩子过去学习成绩好，但仍然遭到爸爸以让她更好为由对她的打骂，孩子就会形成"固着"了的创伤性的想法，也就是"我无论怎么努力，在爸爸眼中都是不够好的，都是被嫌弃的。所以，我不配做爸爸的女儿，不配拥有未来，不配花爸爸的钱，那简直就是一种罪恶"。

如果爸爸能够改变，把过去不能表达的、不会表达的欣赏和认可，一次又一次地传递给女儿：你是足够好的，爸爸非常欣赏你过去所有的努力。当女儿收到爸爸发自内心的欣赏和认可时，女儿就会慢慢改变内在的"图式"，形成一种"我够好、我值得、我配得"的新的心理感受，女儿就会从无价值感、罪恶感里走出来，变得阳光、自信、快乐。

我让爸爸跟女儿面对面坐着，让爸爸拉起女儿的手，告诉女儿爸爸有多喜欢她、欣赏她、认可她。当爸爸拉起女儿手的那一刻，女儿的眼泪唰地落下，爸爸没能说完两句话，眼泪也簌簌落下。爸爸说："你知道吗？你从小学一年级到现在的作文，每一篇我都保留着，我一直替你收藏着。你的作文写得非常好……"

然后，我问女儿："爸爸说的这些，你之前知道吗？"女儿说不知道。我说："爸爸对你说出这些意味着什么呢？"女儿这一刻才第一次收到爸爸对她的喜欢、欣赏、认可，迅速说："爸爸你不要哭，不要哭。"然后用自己的手给爸爸擦眼泪。

看到这一幕，我不禁为他们的父女情深而感动，此时此刻女儿的价值感迅速得到了提升，她的脸上也露出了久违的笑容。

当下，有很多孩子被诊断为中度或者重度抑郁症，从而表现出生命能量低、关在家里不出门等症状，而究其原因，几乎都是价值感出了问题。孩子认为自己不够好，通常是缺乏权威者对其的认可所导致的。所以，权威者对其的认可对于提升孩子的价值感尤为重要。

每一个孩子在青春期的发展过程中，都会追逐成功和成就。这是每一个孩子都想实现的发展目标和努力方向。没有任何一个孩子自甘落后、自暴自弃。如果有的孩子说"我就是不行，我就是不如其他人，别人都比我强"这样的话，父母一定要回顾过去，想想自己灌输给孩子的是怎样的想法、观点、立场、价值取向。

如果父母也处在不够好的自我评价里，往往就看不到孩子的进步，看不到孩子的努力，看不到孩子的成功，看不到孩子的成就，总会以不够好的心态告诉孩子，"你还差得远""你还不够好"，从而让孩子一直活在沮丧和失望中。因此，孩子希望父母和老师更多地看到他们的成长和进步，让他们感受到"我是可以的，我是很棒的，我是常常被表扬的"，从中体验成功的喜悦和自我价值的实现。

获得感是近年来出现的一个新词，最早出现在党的十八大报告当中。它与每一个人从国家层面获得的福利、政策、关怀、温暖和爱的部分密切相关。那么，体现在青少年的发展方面，就是每一个青少年都希望有一种踏踏实实的属于自己的获得感。

这种获得感既是物质上的，又是精神上的。物质上的，无外乎就是各种有形的物质奖励。当孩子们有了一点一滴的进步，要么是学习成绩优异，要么是参加比赛获得奖项时，父母都会给孩子一些物质奖励。比如，有的父母会给孩子发红包；有的给孩子买他喜欢的礼物，带孩子出去吃饭；有的满足孩子一两个愿望，比如，出去旅游、听音乐会、看电影等，让孩子在物质上拥有实实在在的获得感。孩子会觉得这是自己通过努力换来的结果，是成功和成就带来的获得感。

精神上的获得感就是每一个孩子都希望听到的表扬，都希望获得的三好学生称号、A^+的成绩，父母和老师对他的称赞，这是一个生命从出生开始就需要的心理营养。所以，林文采老师在《心理营养》中所说的欣赏、赞美、肯定、认同，是任何一个生命都不可或缺的精神上的营养。孩子在这一部分获得越多，他的价值感和成就感也就越强烈。

我们看到，有的父母会把孩子的奖状、奖章放在一面墙上进行展示，孩子看了就会非常开心。有亲戚或者其他客人来的时候，也会对着这些奖状、奖章称赞不已，这时的孩子更是喜出望外。有的父母还会把这些荣誉拍下来发到朋友圈，让更多的人一起享受孩子的成功和成就，孩子也因为有了经常被关注的感觉，而更加自豪和骄傲。

我在全国开设青春期课程的时候，常常问一些青少年，他们不喜欢父母什么。有的孩子说，最不喜欢就是父母说话不算话。父母常常承诺孩子，考试考好了，比赛获得名次了，就会给奖励。但当成绩出来时，父母就变卦了。他们总有借口，要么说连续三次考得好才有奖励，要么说要考全年级的好名次才可以，要么说不仅仅是拿第一，分数没有达到90分以上，也不能奖励。父母常常把一个又一个限制性的条件附加在给孩子的承诺上，孩子意识到父母不为承诺负责，会认为父母是在用这样的方式欺骗自己。因此，父母就不能跟孩子建立起良好的信任关系。比如，有的孩子生气地说："既然你不为你的承诺负责，我为什么还要努力呢？我也不想要你的任何奖励了，这全是骗局。"因此，有的孩子就不再努力学习、积极进取了。这就是父母用附加条件且不被孩子信任的方式，让孩子丧失了对成功的追求。

父母要与孩子一起分享成功的喜悦和经验，涉及物质奖励的，一定要在孩子获得成功的时候及时兑现，让孩子充分享受成功带给他的精神层面和物质层面的获得感，让孩子觉得自己所有的努力都被父母看见了，从而让孩子更加踏踏实实地努力前进。孩子也会觉得开心和喜悦，越来越觉得"我行""我能""我真的行""我真的能"，其未来的发展动力也会越发强劲。

第四,"成功与挫败"这个主题与自我认同有关。

每个孩子都希望被欣赏和认可。孩子既在乎父母的认可,也在乎同学的认可,还在乎老师的认可。对于处在青春期尾巴的孩子,实现自我认同是非常重要的。

自我认同就是一个孩子是否可以自己认可自己。可能有的家长就会问了,如果我过去没做这方面工作的话,现在我的孩子能不能实现自我认同?答案是,很困难。所以,如果一个孩子从出生到上幼儿园、从小学到初中、从高中到大学,每一个阶段都收到其父母、老师和同学的认可,那么,这个孩子到了青春期结束时,就自然能够自己欣赏自己、自己认可自己,而无须他人的认可。这样,孩子就可以找到自我价值,也不用期待他人欣赏、认可自己了。

如果父母过去不懂得孩子的这个需要,那么,从现在开始就要学习欣赏、认可自己的孩子了,这对孩子的心理成长也有弥补作用。

那么,父母该怎样弥补这一课呢?

认同,其实从一个孩子出生时就开始了。孩子出生后的第一个认同,就是妈妈的认同。这体现在妈妈是不是亲自养育孩子这件事上。对于孩子来说,这是非常重要的。

如果妈妈在孩子出生以后,无论什么原因,没能亲自养育自己的孩子,而是把孩子交给爷爷奶奶,或者外公外婆等其他人代养，孩子就会觉得妈妈不爱自己，妈妈不喜欢自己。孩子在第一个认同上就会出现问题，这将直接影响这个孩子未来的自我发展。

当孩子长大了，他就和妈妈不亲，他的身体关于亲的部分就会受影响。孩子在人际关系的互动中也出现疏离或者隔离的现象，从而会丧失一些成长的机会。

孩子的第二个认同，就是爸爸的认同，体现在爸爸对孩子的欣赏、赞美、肯定、认同上。具体地说，孩子上幼儿园后，爸爸有没有常常把孩子背在背上，或者让孩子骑在脖子上去幼儿园，或者爸爸常常拉起孩子的手，或者把孩子抱起来，在公共场所向其他人介绍孩子有多么可爱、多么聪明，有多少值得开心和喜悦、自豪和骄傲的地方？如果爸爸这样做了，孩子就收到了爸爸是喜欢我、欣赏我和爱我的这样的信号。女儿听到爸爸亲口说她可爱，就实现了女儿对自己的身份认同和性别认同，就会从一个女孩成长为一个漂亮的女性。儿子听到爸爸这样说，会全然地享受爸爸对他的爱，就会成长为帅气、阳刚的男性，而不会出现性别错乱。

爸爸的认同，要么是语言上的欣赏、认可，要么就是肢体上的接触。孩子长大了，爸爸也需要常常摸摸头、拍拍肩，来表达对他的关注。我在做工作坊的时候，常听到一些妈妈回忆她们小时候看电影的经历，每次讲起她们都很有感触。她们说，小时候，村子里放露天电影，去的时候，自己走一段，妈妈背一段。电影开演了，她们就开始睡觉。电影结束了，回家的路上就轮到爸爸了，爸爸一背就是四五里山路，到现在她们还记得爸爸的喘气声和汗味。妈妈们回忆这段过往的时候，脸上会迅速浮现出爸爸爱自己的那种幸福感和获得感。

当孩子到了幼儿园、到了小学时，每一个孩子就会希望得到老师对他的认可。他希望老师拉拉他的手，拍拍他的肩，叫他回答问题，给作业本上打个红色的对号，写上一个"好"或"棒"，画上一朵小红花，当众表扬和夸奖他。

老师对学生的认可不需要做得太多，只要做一点点，学生就能感受到。他会觉得我是被老师看见的，从而推动他价值感的发展。所以，当一个孩子获得了这些认同，他进入青春期后，就会自带光芒，自然绽放，并对自己的未来充满信心。如果这个部分不够，孩子就会常常在意同学的评价、老师的认可，进而表现出自卑、犹豫、胆怯。

我常常在全国的学生训练活动中，让孩子用一些词语来形容自己，进行"自我认同"的评估。我发现，小学的孩子多数只会用一两个词形容自己，且多数是实词；初中的孩子可以增加到三四个，有实词，也有形容词；高中的孩子就会用多个形容词来形容自己了。这是正常情况。但我也看到，有些高中的孩子或者上了大学的孩子，仍然只能用一两个词语来形容自己，或者用的词与自己不贴切，原因是他们常与自己失联，从而导致自我认同的不统一。这就意味着他们在认同的发展上出了问题。

青少年在意成功和成就的表现，其实就是在意成绩，在意考试，在意他所获的奖项，在意所有的外在评价。那么，家长要做些什么，才能推动孩子在成功的主题上发展得更好呢？

家长需要做的就是把"回顾"和"总结"带入孩子的成长中，看见孩子的成长。前面关于竞争与合作的部分，谈到了很多家长习惯于"比较"，而让孩子活在"不够好"的低自我价值的状态中。家长需要学习用"回顾"和"总结"的方式，让孩子得到成长和成功的喜悦。家长需要把我之前讲过的四大主题与孩子的成长逐一对照，一点儿一点儿地说给孩子听。特别是爸爸，需要抽出时间和精力，给予孩子耐心和爱心，如数家珍一样讲述孩子的点滴成长。

关于"独立与自主"的成长，爸爸需要针对"独、立、自、主"这四个部分的内容，亲口告诉孩子关于独立的"独"的部分，孩子和妈妈在心理分离上做到了什么。比如，爸爸可以告诉孩子："我过去还常常看到你跟妈妈一起睡，你这一周一次都没有这样做，说明你长大了，这就是你的进步。""我还看到，有时候妈妈想跟你一起睡，而你明确表达不愿意跟妈妈一起睡了。这也说明你越来越独立了。"只要爸爸这样说几次，孩子就会改变。

在独立的"立"上,爸爸可以告诉孩子,他什么时候更自信了,什么时候更有勇气了,什么时候更有力量了。爸爸可以通过他生活和学习上的细节来告诉孩子,让孩子再次感受到爸爸对他的重视,这会让孩子更加独立、更加自信。

关于"自主",要结合父母赋予孩子的权利,告诉他哪里做得好,哪里做得恰当。比如,他在哪里学会作选择了,又在哪里学会为选择负责任了;在哪里学会了界限,又在哪里学会了自律和自我管理等。父亲把这些都告诉孩子,就会让孩子感受到他的每一点儿成长和进步,爸爸都看在眼里,也记在心里了。

关于"个性与独特"的成长,爸爸在孩子一天天长高、长大时,要告诉他,自己看到了他怎样的变化,比如,性格的变化、品质的变化、能力的变化。关于独特的部分,爸爸要告诉孩子,在课外的学习上、在其他兴趣爱好的发展上,他又有怎样的突破。比如,孩子在某体育项目上比之前上了一个台阶了,孩子兴趣爱好的广度、宽度、深度又有了新发展。孩子听到这些的时候,就会有更多的内在发展动力。

关于"冒险和挑战"的成长,爸爸要带孩子去运动,比如,跳绳、游泳、跑步、踢足球、打篮球等。看到孩子有新的进步了,就立刻告诉孩子;看到孩子超出自己的预期目标时,也要及时告诉孩子。这样,孩子就会特别开心,不但愿意与爸爸一起运动,还会向新的目标发起挑战。

孩子不喜欢那些非常忙碌或者经常不着家的爸爸，也不愿意爸爸经常出差或者是与妈妈分隔两地。如果爸爸看不到孩子的成长和进步，回来只会问学习成绩怎么样，那么，孩子就会觉得他不重要，在成长上没有动力；也会觉得爸爸一点儿都不关心他，而只关心成绩。如果爸爸每个月能够至少一次跟孩子面对面地、很正式地、不带情绪地谈话，与孩子一起回顾孩子的成长，夸奖孩子的成长和进步，那么，孩子就会体验到成功的喜悦和兴奋，孩子的内心就会对爸爸有更多的感动。

如果爸爸的确不能常常在家，或者爸爸想做又做不到，那就由妈妈来做这部分的回顾和总结，这对孩子同样有帮助。如果妈妈做起来的效果也不是很理想的话，父母就只能请老师或者专业人士来做。必要的时候，专业人士需要邀请父母和孩子一起参加亲子关系工作坊，现场学习、现场训练。这对青少年来说，会起到立竿见影的效果。

我曾经在广西南宁的青春期亲子成长工作坊有过一段培训经历。这个培训让我非常感动。第一天有两个孩子，第二天有4个孩子，第三天有8个孩子，而这些孩子的年龄从8岁到18岁不等。他们刚来教室的时候，都坐在角落里，闷不作声，看着有些懈怠、疲倦的样子。后来，我跟他们一个一个建立联结后，就问他们的父母："你了解你的孩子吗？"这些父母就跟我说了孩子的一大堆情况，我听到的几乎都是孩子不好的地方。这时,我观察孩子们,他们有的低头,有的身体一直往下缩。于是,我就现场给这些父母示范,如何表达对孩子的看见和认可,也就是告诉孩子哪些是做得好的,哪些是做得棒的,哪些是让父母感到开心和骄傲的。然后,父母再看看孩子有什么变化。

后来,我在现场做示范,我在做的时候,就发现那些孩子不停地点头,脸上也跟着浮现出笑容,孩子认为我是非常懂他们的。之后,我就把父母请上来,让他们和孩子一对一体验。我看到一个非常感动的画面,当父母拉起孩子的手时,孩子就迅速跟爸爸妈妈建立了联结,并迅速看着父母说话,父母也看着孩子的眼睛说话,那一刻,亲子之间流动着满满的温暖和爱。

在现场,有的父母不知道该怎样讲,我就一句一句地教父母如何对孩子说,结果发现孩子听得都非常专注。当现场做完这些交流的时候,我看到有的孩子靠在了父母的身上,有的孩子扑到了父母的怀里。一家人其乐融融,那种久违的幸福感也油然而生。

所以,青少年最需要被懂得、被理解、被关注、被欣赏。如果父母能够做到这些,孩子就会发生翻天覆地的变化。只要父母能够有意识去学、去做、去尝试、去突破,就会有意外之喜。

第二节　如何应对挫败

> 自我否定 / 自我贬低 / 自我摧毁 / 父母的焦虑传递 / 父母的完美主义 / 父母的恶性竞争

接下来,我们看看青春期的孩子的"挫败"是如何发生的,又有怎样的表现。

前面谈到,青春期的孩子在获得同一性发展的同时,当然也希望自己能获得成功、实现价值。孩子在追求成功的道路上,往往会遇到挫折、困难和挑战,如果跨越不了,孩子就有了挫败的感觉。但有的孩子对于挫败全然不当一回事儿,就像小时候学走路的时候,摔了一跤,爬起来再走就是了。而有的孩子就把挫败看得很重,有"一朝被蛇咬,十年怕井绳"的感觉,甚至从此一蹶不振。那么,孩子的挫败感有怎样的表现呢?

第一个表现叫自我否定。孩子总说自己不够好,总说自己还不行,总说自己还很差,常常表现出否定自己的成就、成绩或者能力。每个孩子都特别看重成绩。期末考、中考、高考、出国考试，一旦成绩没那么理想，有的孩子就觉得自己一无是处。他会在意别人的看法、外界的负面评价，会在他心里出现"不够好"这三个字，从此便开始了自我否定。

第二个表现就是自我贬低。这种情况往往表现为对自己外在形象的贬低，认为自己长得不好看。青春期的孩子非常在意自我的发展，而自我发展中的一部分就是非常在意自我形象。我在前面讲个性与独特的时候，曾经讲过青春期的"五好"孩子，其中一个就是"好美"。"好美"是青春期发展的一个外在表现。很多孩子对自己的外形、穿着打扮、发型是特别在意的，他们希望通过服饰、鞋子、背包、用品、发型来彰显他的美丽和青春活力。如果父母不懂孩子这部分的发展，就会常常在孩子的穿着打扮或者发型上设置很多禁令。被限制后，孩子就会认为自己不如别人漂亮、不如别人帅气等。

第三个表现叫自我摧毁。自我摧毁最严重时表现为两个方面，一方面是自伤、自残，比如割腕。我在全国接触到很多自伤的孩子，以女孩居多。他们有的是用刀片、有的是用笔尖、有的是用玻璃器皿来割自己、划自己，直到出血。青少年出现自伤的现象，就说明他处于高度自我否定、高度自我贬低、高度自我摧毁的状态，而这种状态发展到更加严重的程度就是自杀。另一方面，自我摧毁表现为很多孩子被诊断为抑郁症，特别是中重度抑郁症，青少年抑郁症的确诊患者人数每年都在增长。

自我否定、自我贬低、自我摧毁，是任何家长、老师、心理咨询师都不想看到的，但是社会上又常常会出现这种情况。这引发了很多家长的担心和焦虑。

每年的中考、高考一过，我们便会听到各种案例，要么是哪个学校的学生服毒了，要么是哪个省份的孩子跳楼了，这些信息让我们感到特别揪心。家长只是听到了不想听到的结果，但谁了解孩子在中考或者高考过程中承受了多大的心理压力呢？谁又能化解孩子内心的那份无奈和苦楚呢？

我曾听一位河北的家长说，2020年河北省高考录取分数线非常高，因为当年河北省的高分考生非常多。以她孩子的高考分数，如果去别的省份，准能考上一个很好的大学，但是在河北省，就只能读一个普通大学。家长和孩子都觉得这样的高考录取结果是非常不公平的，从而发出了很多抱怨。另一个家庭有一对双胞胎儿子，平时的成绩都很好。高考成绩一公布，老二正常发挥，成绩很好，老大的成绩比平时模考的成绩低了80分。老二被重点大学录取了，而老大只能去普通本科大学就读。于是，老大就陷入挫败之中了。幸好父母都学过心理学，他们用心理学的一些方法给孩子做了心理疏导，使老大接受了当下的分数，下定决心复读，父母也同意他去复读。

如果换一个家庭，换一对父母的话，在平时老大跟老二的成绩相当的情况下,老大这次没考好,父母就会发牢骚,或者在不经意间说出指责的话,那么老大就会在挫败里一蹶不振,甚至有可能发生一些意想不到的情况。可见,孩子是多么在意自己的成功与失败,父母的成长对于孩子的健康有多么重要。

那么,孩子的自我否定、自我贬低、自我摧毁究竟是从哪里来的呢?对此,父母需要做哪些核查和探索?

第一,父母是否一直活在自己不够好的议题里?

如果父母一直活在自己不够好的议题里,那么,他们就很难让他们的孩子自我肯定,并获得对自己的价值认同感。父母会一直把自己不够好的印象带入孩子的成长过程当中。换句话说,父母很少能对孩子表达欣赏、赞美、认同和鼓励,而更多的是看到孩子没有做好、没有做到的一面。这种情况落实到心理成长上,恰恰是父母的成长议题,而解决父母的成长议题,就是要父母过"不够好"这一关。如果父母能做到自我认可、自我认同,父母内在就会感觉到快乐和喜悦,然后就可以看到孩子的"足够好",就可以帮孩子感受成功、成就带来的喜悦、兴奋和激动。否则,拿学习来说,即使孩子考好了,也会因为"不够好"这三个字作祟而产生倦怠和挫败感。

出于同样的心理作用,父母无法做到对孩子全然地夸奖和认可,常在话语中带有"但是""可是"这样的转折连词，意思是让孩子不要骄傲，还要继续加油，未来的路很长，还需继续努力等。但是，孩子的感受就像背负"三座大山"一样，透不过气来。孩子不会感受到学习的快乐和轻松，他时刻处在"但是"后面的话语所产生的焦虑和紧张中。

很多孩子在考试前就出现了各种状况，比如，每年高考都有孩子因睡过了头迟到的；有的把准考证落在家里了；有的甚至在考场上晕倒了。很多家长不知道，孩子往往在考试的时候用身体症状或其他状况来应对不够好所带来的相应后果。也就是说，当他无法面对考试的压力或者考出不好的结果时，孩子就会出现生理和心理症状，从而获得他人的原谅或给自己找台阶下。

我看到，有些时候，父母也活在焦虑里，时刻担心孩子不能在中考、高考的时候正常发挥，担心他在考试中出现紧张、害怕等情况。其实，父母越焦虑，就越会把这份焦虑传递给孩子，孩子也会越来越紧张，越来越焦虑。父母焦虑的原因就在于他们还没有跨越"不够好"这一关。所以，我们希望父母能够首先完成自己"不够好"的心理成长，父母自己的这种"不够好"消除了以后，才会让孩子从内在越来越感受到他是足够好的，从而更少地表现出自我否定的挫败心理。

第二，父母是不是完美主义者？

完美主义的父母也常常让孩子活在不够好的状态中。有的家庭只有一方是完美主义者，但有个别家庭父母都是完美主义者，这就会让孩子时刻有挫败感，甚至会彻底崩溃。

完美主义的爸爸对儿子的影响是非常大的。这样的爸爸爱学习、爱思考，自律，不随俗，严谨，一丝不苟，苛责，高冷。所以，儿子生活在这样的爸爸身边，会时刻觉得有压力，经常怕说错话、怕做错事、怕考试失误。

这样的爸爸也常常盯着儿子的不足，让儿子时刻觉得自己还差得很远，还需要努力。这样的爸爸更不会由衷地欣赏、认可儿子，很多时候，他会把"理所应当"当成他的固守观念来对待儿子，让儿子活在"我必须，我一定怎样怎样"里。所以，儿子会认为，我永远无法达到爸爸的高标准、高要求、高期待；我无论怎样努力，也不能获得他的认可。儿子很少找到成功的感觉或体验成功的喜悦，常常会压抑、焦虑、抑郁和自卑。完美主义的爸爸对女儿也有影响，但影响不像对儿子的那么强烈。女儿常常会认同爸爸的完美主义，从而向完美主义看齐，做事也会相对更谨慎，会听爸爸的话，以减少与爸爸的冲突。但个别女儿也受不了爸爸的完美和强迫要求，常因爸爸的严苛标准而陷入挫败情绪里。

完美主义的妈妈对孩子的影响不同于爸爸的。这样的妈妈更多表现为挑剔、指责、抱怨、焦虑、洁癖、冷漠、事无巨细的叮嘱、井井有条的要求和经常性的替代包办。她们也很少对孩子表达欣赏、认可，而更多地活在对孩子永无止境的期待中。完美主义的妈妈对女儿的影响要大过于其对儿子的影响。女儿常常觉得做什么都不对，都不符合妈妈的要求。房间乱了不行，书包乱了不行，作业写得不工整不行，衣着不整齐还是不行。所以，孩子一直活得小心翼翼，时刻处在担心犯错的焦虑和紧张中。孩子常常感到沮丧、失望，甚至绝望。因为妈妈不曾把希望和动力带给孩子，孩子看不到自己做得好的部分，看不到未来。当压力来临的时候，孩子就因为对自己内在的不自信而被吓倒、压垮，会一直认为自己很失败、很无力。

所以，完美主义的父母需要降低高标准、高期待，在其降到能看到孩子已经做得足够好的时候，再及时、不断地告诉孩子，"你已经够好了"，而且是内心不带任何期待和希望，由衷地发出欣赏和认可，直到孩子真的接收到，孩子才能从这种完美主义的影响中走出来。

完美主义的父母需要很长时间的学习才可以对孩子说出肯定、赞美的话，他们常常自认为对孩子的标准不高、要求不多，这些要求都是正常的。他们经常反问："难道我对他高标准、严要求不对吗？""难道这不是我爱他的表现吗？""难道我让他对自己更加负责、对未来更加负责不对吗？"其实，很多父母不知道，父母完美主义的标准从孩子一出生起就完全植入到孩子的成长历程中了。父母的一言一行、价值取向、人生态度、品行修养，早已在潜移默化中影响孩子了。如果父母能够看到孩子已经习得这些特质的话，就会看到孩子已经做得好的部分，从而降低对孩子的期待和要求，孩子就可以凭借父母的欣赏和认可，从挫败感中走出来。

我曾经接触过一个家庭案例。父母都是博士，而且都是各自行业的专家。儿子上初三，15岁，在重点学校的重点班就读。近期，儿子突然不想上学了，这让父母接受不了，父母用尽各种办法，孩子就是不去。孩子说："我跟不上，每次考试我都是排在后面，我怕同学和老师说我不好。"

爸爸说："怎么可能不上学呢？初中知识有什么难的？你就是懒，想逃避。"妈妈说："要不转到普通班吧，这样你就是班里的好学生了。"但孩子置若罔闻，明确表示不想上学，转到普通班也不行。从这个案例我们可以看出，爸爸把他认定的标准放在了孩子身上，他认为他觉得不困难的，孩子也就不会有困难；而妈妈则时刻都在争，给孩子感觉就是无论如何都不能失败。如果父母能够站在孩子的角度，核查孩子目前存在的困难，评估孩子遇到的挑战，关心孩子对失败的心理感受，孩子就会认为父母更加理解他，而不是一直要求和期待他，他就可以走出挫败情绪，慢慢恢复信心，从而看到新的希望。

第三，父母是否活在恶性竞争里？

我在讲第四个主题的时候讲过恶性竞争。如果父母一直活在恶性竞争里，没有走出来的话，父母一方或者双方会认为自己是竞争的输家，从而把这种心态泛化到跟兄弟姐妹、同学朋友以及同事的竞争中。当这种输家心态一直持续的话，父母的这种恶性竞争方式就会影响孩子，他们会在潜意识里让孩子替代自己成为赢家。所以，孩子在成长中，会自然习得父母的恶性竞争方式，而多数会用嫉妒的形式表现出来。

如果孩子在竞争中没有获胜，他就会有挫败感，然后就会有恶念，总是希望自己能考好，而别人都考不好、都落后，或者用攻击的手段、用偏差行为，让他的竞争者落败。如果竞争失败的话，他也会一直活在自己"不够好"、自我攻击、自我贬低的情绪里。

所以，父母要先问自己是否愿意消除恶性竞争的思想。如果愿意，就要首先从欣赏自己开始，不再和任何一个人比较，不再认为自己是竞争的输家，从而发现过去的成长背景和成长经历是很好的人生财富，进而通过自己的努力和勤奋让自己享受成功的幸福和喜悦。如果父母能够对自己表达欣赏，就无须孩子替代自己实现过去没有实现的梦想，这就会大大降低孩子的压力。孩子也无须替代父母一次又一次地证明自己，也不会再用"绝不能输给任何人"的想法来强迫自己了。孩子会用新的能量来体验勤奋、努力、上进、积极、进取带给他的快乐，进而真正从挫败中走出来。

那么，父母该如何引领孩子从挫败走向成功呢？

第一，父母要跟孩子一起回顾自己的成功。

父母要与孩子一起回顾家庭发展的点点滴滴，让孩子感受到成功的喜悦。其一，父母可以分享彼此恋爱的经历，把恋爱的故事，包括谁追的谁、谁又是怎样表白的，爸爸为什么喜欢妈妈，妈妈为什么喜欢爸爸，彼此看中对方的又是什么等，逐一讲给孩子听，让孩子感受到恋爱的成功对于家庭的重要性。其二，父母可以分享婚姻的成功，让孩子感受到父母从恋爱到婚姻，跨越了多少难关，顶住了多少压力，克服了多少困难，是怎样相亲相爱、不离不弃、共渡难关的，从而让孩子感受父母之间的爱带给彼此的动力和喜悦。其三，父母可以分享从怀孕到孩子出生，以及之后的养育过程的成功和喜悦。父母可以告诉孩子在妈妈怀孕时，他们对孩子抱有怎样的幻想和期待，希望孩子长成什么样子，将来成为怎样的人，以及关于孩子的从小到大的养育心得等，让孩子感受到父母养育孩子的不易和骄傲。其四，父母还可以分享工作中的成功之处。父母可以告诉孩子，自己的第一份工作是怎样找到的，工作中开心的是什么，获得的喜悦是什么，工作能够带给自己的又是什么，等等，让孩子感受父母的工作态度和人生追求。其五，父母还可以分享求学的经历，告诉孩子每个阶段求学的心得和体会，包括对学科的好奇、与老师的相处、对成绩的态度以及如何应对学业的压力等，让孩子感受到学习对于未来发展的重要性。

第二，父母要教导孩子如何面对挫折和失败。

父母首先需要核查的是，自己是否用积极的心态面对遭受的挫折和失败。如果父母是积极乐观的，然后再告诉孩子父母过去失败的经历，每次失败都发生在什么样的情境中，父母对挫折和失败持怎样的态度和观点，以及父母是如何从挫折和失败中走出来的，孩子听了自然会从父母的经验中获得启发，就会认为，原来人是可以犯错、可以失败的，失败也没那么可怕，只要吸取教训，后续是可以弥补的。这样就会让孩子身心放松，而不是在挫折和失败的泥潭中举步不前。

第三，父母可以邀请孩子的同学及其父母一起开party，父母彼此敞开心胸，让孩子畅所欲言。

近年来，有的学校开放了家长课堂，允许家长或者邀请家长听课，还在学校开展各种各样对学生发展有利的讲座。那么，父母在彼此有愿意、时间又允许的情况下，可以邀请孩子的同学及其家长一起参加party。要么在学校，要么利用周末在户外，也可以邀请一位或者几位老师一起与孩子分享成功和失败的经验，表达其对成功和失败的立场、观点以及战胜失败、获得成功的方法。在这些活动过程中，每一个人都可以自由表达，家庭与家庭交叉互动，在互动中还可以进行评论、探讨。这样，孩子就会知道，原来不仅仅是我的父母这样想,别人的父母也是这样想的。孩子就会在交叉互动表达的过程中,把不同的意见慢慢整合成自己的认知。同时还会在不同的声音当中慢慢学会做"独立"的自己。

父母要充分听取孩子的想法,要鼓励孩子在这个过程中充分表达他对于成功和失败的立场、态度、观点,同时作出恰当的应对和处理,并给予适当的指导。当父母发现孩子出现自我否定、自我贬低,甚至自我摧毁的想法时,需要及时给出应对的方法。前提当然是父母有这样的能力和经验。如果父母欠缺能力和经验,就需要邀请专业的老师给出专业的意见和建议了。如果每个学年都能参加一两次这样的活动,这对孩子的帮助是非常大的。

附　录 | 父母问答

Q：我的孩子很爱美，对服饰有自己的要求。他特别喜欢买鞋子，我也会满足他，裤子、上衣他愿意穿他爸旧的。他的问题是说得多做得少，自己想在班上取得好的名次，但在做的时候行动力又弱。我该如何帮助孩子提升行动力，让他说到做到呢？

A：第一，要祝贺这位妈妈看到孩子独特的"特"的部分发展出来了，就是"好美"。一个孩子一旦"好美"，就说明他开始关注自己的内外在变化了，同时他也希望别人能给他更多的欣赏和认可，这是青春期的孩子审美的需要。父母需要站在审美的角度来看一个青春期的孩子的成长和变化，所以，父母要适当满足孩子对鞋子、服装上的需求。

第二，值得祝贺的是这个孩子愿意穿爸爸的旧衣服，这是非常难得的。这说明他对爸爸的认同是足够的，也说明他跟爸爸的父子关系好，这样，他会从爸爸那里获得父性认同和权威者的认同，从而为推动他成为更好的自己而奠定扎实的基础。

他说得多做得少，想取得好的名次却行动力弱。我们首先要看到孩子积极向上的部分，至于做不到，就需要父母帮助分析了。是不是目标定高了，难度加大了？如果不是，只要爸爸能够多给孩子一些欣赏、赞美、肯定、认同,这个孩子的行动力就会提升上来。

Q: 男孩14岁了,生活在爸爸不管的单亲家庭,学习动力不足,学习总是敷衍糊弄,想问孩子行为背后是什么动机,该怎么改变。

A: 如果14岁的男孩生活在只有妈妈的单亲家庭,很少见到爸爸,或者爸爸的功能发挥得不好,就很容易厌学。他会认为学习没意思,内心经常会问:"我学习是为了谁呢?我将来考上大学了、有工作了,我又为了什么呢?"所以,我们常常说爸爸是山,爸爸是树,爸爸是推动一个孩子成长的原动力。

我之前讲爸爸的功能时说过,爸爸带给孩子的内在自信、力量、勇气,是非常重要的。如果爸爸不能发挥这些功能,那么,这个孩子进入青春期后,就会没目标,也没方向,还会觉得人生无意义。

所以,跟孩子在一起生活的一方,就需要发挥双重功能,也就是既做妈妈,又做爸爸。但是,在孩子进入青春期后,有时候妈妈的力量是弱的,而孩子需要男性的力量补充进来,这个时候妈妈就要借力发力。第一,可以借助家族中的男性,比如爷爷、外公、舅舅、伯伯、叔叔等的力量,给予孩子更多的欣赏、赞美、肯定、认同和指导,特别是在孩子的发展方向、成长目标上，这对孩子的发展会有很大的推动作用。第二，如果在家族当中找不到恰当的男性力量补充进来，妈妈就要请学校老师充当这个角色，妈妈要与老师建立良好的关系，让老师发挥替代权威的作用，这样就可以解决孩子这方面的问题了。

Q：孩子总是大吼大叫，控制不了情绪，孩子内在的情绪该怎么疏导、释放？

A：孩子内在的情绪积累有很多原因，要么是过去父母常常打骂孩子、羞辱孩子，要么是孩子在恶性竞争关系中常常是输家，总想赢，要么就是父母，或者爷爷奶奶、外公外婆过度溺爱。当找到对应的原因时，父母就可以帮助孩子疏导情绪了。其一，父母不再打骂孩子，并就过去对孩子的打骂向孩子道歉。孩子感受到了父母的真诚，就会原谅父母，其内在的愤怒情绪就会得到释放。其二，当父母走出恶性竞争的困境，并接纳孩子可以犯错、可以失败的时候，孩子内心的嫉妒情绪就会减少许多。其三，当父母面对爷爷奶奶、外公外婆够坚持住什么是可以的，什么是不可以的界限时，孩子的任性和以自我为中心程度就会慢慢减弱。必要的时候，父母也可以和孩子一起去找心理咨询师进行家庭治疗。

Q：女儿12周岁了，总是把房间搞得乱七八糟。用完的纸巾、喝完的饮料瓶都随手扔在床上。每次进她房间都感觉自己心脏病要犯了，让她收也不收，替她收拾了，不到半天又恢复原样。刚开始看到孩子这样只是生气，现在突然想，这可能是孩子的心理求救信号，这样的情况一定是有原因的。我要怎么帮助孩子呢？

A： 这位妈妈十有八九是完美主义者。完美主义的妈妈往往就会碰到邋遢的孩子。即使孩子不邋遢，在完美主义的妈妈面前，有时候也会变得邋遢，这是第一种可能性。第二种可能性是，这个孩子的生活习惯特别像爸爸，她在小的时候没有养成像妈妈一样爱干净、爱整洁的生活习惯。这就导致了即使妈妈给她收拾干净了，她也会觉得："那算什么呀！没关系，我爸爸不就这样，生活得不也很快乐、很自在、很好吗？所以，为什么要把房间搞得干干净净的呢？而且这是我的房间，也不需要你收拾啊。我即使把房间弄得像狗窝、像猪窝一样，自己待着舒适就行了。你不必帮我收拾，这个房间我自己住，我不嫌弃就可以了。"

所以，这样的孩子其实对自我的接纳度是很高的，只是妈妈不接纳这样的孩子，认为这样的孩子邋遢，让她受不了。如果妈妈是完美主义者，最需要学习的就是能够欣赏、认可孩子，能够降低对孩子的要求。这样，彼此的关系就会好起来。否则，妈妈每天都生活在焦虑里，不但感觉心脏病要犯了，而且跟女儿的关系也会越来越糟糕。

Q：如果13岁的孩子用电子产品，自己根本无法控制时间，需要严格控制吗？要约定使用时间吗？如何让他自己控制自己？

A：这是培养孩子习惯的问题。习惯应在孩子3岁之前进行培养。如果孩子在上幼儿园之前，生活习惯培养得好，知道什么时候做什么，什么事情需要跟父母商量，且父母又能够成为孩子生活习惯的榜样的话，孩子后面进入幼儿园、小学、初中就会按照之前的规则、习惯去生活和学习。如果3岁之前没有养成良好的习惯，如果孩子是由多个人带养的，后来上小学了、上初中了，孩子就可能不遵守规则。即使有约定的话，孩子也会常常破坏约定，所以，无论怎样约束都会遇到困难。

父母能够做的就是与孩子在一起，对他玩的东西感兴趣，并能跟他一起玩，特别是爸爸。如果爸爸能够跟他一起玩手机、玩游戏，知道游戏的内容是什么，知道单次的游戏需要多长时间，知道这个游戏需要多少人一起玩，孩子就从爸爸这里获得了陪伴感，也认为爸爸了解他了，他才相信爸爸说的话。否则，爸爸只是说不能玩这些东西、要做作业了、要看书了、要学习了，他当然听不进去，根本不会主动放下电子产品。因为孩子需要的是爱，而不是管。爱在管之前，管才是有效果的。特别是孩子进入青春期后，爸爸要发挥他的功能，要爸爸上前，妈妈退后，让爸爸跟孩子形成一种安全的、可信任的、可滋养的、互相理解的、互相尊重的关系，然后孩子才会听爸爸的话。

Q： 男孩现已14岁了，从12岁开始，他就会时不时偷女人的内衣、内裤，被我们发现后，讲道理和打骂都没有用，他还是会这样做。他自己也知道这样不好，但他说忍不住。这是什么原因，应该怎么办？

A： 这是要特别引起关注的问题。偷内衣、内裤，别说是孩子，就是成人，也时有发生。变态心理学把这种行为称为变态行为。孩子出现这样的情况，多数是与妈妈的依恋关系没有发展好而导致的。依恋是指母婴依恋，所以我们要提醒妈妈回顾、核查一下，孩子小的时候是不是跟妈妈一起长大的。妈妈有没有离开过孩子？妈妈离开孩子时，这个孩子又是由谁陪伴的？若孩子跟代养人长大，与代养人是否有过充分的拥抱之类的皮肤接触？这些都会直接影响孩子依恋关系的建立和发展。

如果在孩子3岁之前，母婴依恋发展得足够，也就是说，妈妈能够抱他、抚摸他、亲他，他晚上睡觉跟妈妈在一起，那么，这个孩子大了就不会偷别人的内衣、内裤来获得心理满足。否则，孩子就可能会有偷女性的内衣、内裤的举动。这里有一个提示，3岁之前，妈妈跟孩子一起睡的时候，要有充分的肌肤接触，才可以完成母婴依恋。

妈妈知道其中的原因后，就可以加强与孩子的皮肤接触。比如，经常拥抱孩子、经常抚摸孩子的后背，过一段时间，孩子的这种行为就会减少，并最终消除。

Q： 我儿子快10岁了，在家总是喜欢光屁股，一上厕所就不想穿裤子了，这是怎么回事儿？

A： 孩子这样的行为，一部分是和妈妈的依恋相关，而另一部分就是他觉得跟父母的关系是特别安全的，才无所谓。所以，父母只要对他做一些引导就好了，如告诉他："你很快就成大小伙儿了，你不再是小男孩了。你长得越来越高、越来越壮了，你要注意外在形象才行，妈妈不希望你在家光屁股了。"孩子听了这样的话，就知道原来妈妈在意了，那么，他也会在意妈妈的话，从而减少这样的举动。

Q： 孩子上初二了，从疫情期在家学习开始就不再像以前那么乖了。孩子不上网课、不写作业；线下开学后，不愿意按学校要求的时间返校；周末回来也不写作业。周末孩子总是在玩电脑、玩手机。他喜欢电子产品，让父母给他买，父母不同意就发脾气。他的作息很混乱，晚睡晚起，不正常吃饭，和以前比就像换了一个人，还总是很烦躁的样子。家长该怎样帮助他改善目前的状态呢？

A： 这恰恰说明孩子开始发展自己的"独立与自主"的

主题了。孩子所有的行为都在指向：我的事情我自己做，我自己的事情我负责，而不再需要妈妈唠叨、啰唆。如果妈妈了解这是孩子"独立与自主"的发展需要，能增加对孩子的信任，减少对孩子事情的替代或包办，加强爸爸功能的发挥，孩子就会慢慢调整过来。

Q： 单亲妈妈如何做才能避免把孩子养成"妈宝男"呢？

A： 妈妈自己成长好了，就不会把孩子变成"妈宝男"了。为什么单亲妈妈会死死抓住孩子呢？第一，这是妈妈的心理需求。因为单亲妈妈都希望自己的孩子能够给予她更多的陪伴和心理安慰。但是，妈妈如果懂得界限的话，就应知道妈妈是妈妈，孩子是孩子，双方各自成长。把孩子培养成一个拥有独立自我的个体，两个人就不会再纠缠了，否则就仍会纠缠不清。

单亲妈妈和孩子纠缠在一起，最重要的原因就是妈妈内在的自我感不够，安全感不够，不愿意舍弃孩子对她的陪伴。外在说是妈妈爱你，而内在却是妈妈需要你。所以，这种情况是因为需要而爱，不是因为爱而需要。

Q： 我在49岁的时候还喜欢冒险，这是什么原因？

A： 49岁还喜欢冒险，这很正常！王石都快70岁了，还登珠峰呢，这恰恰说明你早已跨越了"冒险与挑战"这一关。你的内在安全感足够，你也足够自信，而且又有健康的身体支持你做出冒险的选择，你给孩子做了很好的榜样。

Q： 如果我在0～3岁时与自己妈妈联结不深，该怎么补足？

A： 如果一位妈妈在0～3岁时与自己的妈妈联结不深，就要靠指向"亲"的关系和能力了。核查的方式是，你现在问自己："我可以触碰我妈妈的脸吗？我能够与妈妈拥抱吗？我能够躺在她的腿上吗？我可以接受爸爸拍我的肩吗？爸爸拉着我的手时，我会觉得恶心吗？"如果这些你都能够做到，你就可以补充这部分"亲"的体验。另外，你还可以从配偶和孩子那里获得这种亲昵的皮肤接触的体验。

Q： 我的孩子13岁了，他玩游戏的时候就像着了魔，什么都不管不顾，叫他喝点儿水，他都会发脾气，而且经常以不再上学威胁我们，我们现在对他玩游戏是一让再让，就怕他不去上学。我们该怎么办？

A： 其实答案已经出来了。孩子接收到的信息不就是你一门心思让他读书，而不想让他玩吗？所以，孩子会这样也许正是因为被管得太严了，父母很少让他玩。当他进入青春期有力量了时，他就会有"我有权利、有能力决定自己是否玩游戏"的想法。这时,你对他的控制就会成为干扰因素了,他想自己做主。父母如果知道了这些,就要把两个部分分开解决。一个部分是要引导孩子学习,另一个部分是一定给孩子留够玩的时间。孩子的天性是喜欢玩的,只要你允许他玩了,他就会满足父母的期待,这就会形成良性循环。否则,父母和孩子就会陷入彼此控制的困境里。

Q: 我一摸儿子,他就会说恶心,这是为什么?

A: 这恰恰说明孩子想跟妈妈从心理上分离。妈妈摸他,他认为妈妈还是把他当成小孩。现在他已经长大了,有了性别认同,男孩会认为:我已经是男人了,你为什么还摸我?你虽然是妈妈,但你是女人,你还摸我,恶不恶心呢?孩子这个时候就会烦妈妈了。所以,妈妈要识别出,孩子这是进入青春期了,不愿意再被当成小孩了。

Q: 青春期的男孩没有爸爸的陪伴、交流,孩子不想上学、不愿出门,也不愿意去人多的地方,是什么原因呢?

A: 是妈妈保护得太多了。妈妈的过度担心、过度保护会导致孩子不愿意出门。如果爸爸是意外去世的,妈妈就会更加担心孩子,生怕孩子一旦离开她的保护,也会出事。这会导致妈妈跟孩子共生,无法完成母子的心理分离,这才是核心问题。

Q： 孩子没有从众心理好不好？

A： 孩子没有从众心理说明他有主见，不受同伴的影响，这恰恰是他发展得很好的标志。但是，也要看他有没有朋友，如果他没有一个朋友，那也是不行的。

Q： 孩子喜欢顶嘴，家长该如何处理？

A： 他顶嘴，你要看他是不是想发展独立自主，是不是他不想让你控制。如果你的评估是孩子想要获得独立自主的发展，当孩子顶嘴时，你就要告诉他，他现在有力量表达自己的想法了，只是用顶嘴的方式，会让妈妈和爸爸有些不舒服。父母只需要告诉他这些就行了。

Q： 我女儿和班里的男同学关系比较密切，她说男同学把她当成哥们儿，这是什么原因呢？

A： 我要问这位家长："女儿这样的行为会成为你的困扰吗？如果成为你的困扰的话，你感到困扰的又是什么呢？"第二个问题是："这有对你的女儿产生影响吗？如果没有影响，你为什么把它当成一个问题呢？"这就涉及家长对孩子交朋友、交什么样的朋友以及用什么样的方式交朋友，持一个什么观点和什么态度的问题了。如果男同学把她当成哥们儿，像兄弟一样，这就说明她的人缘好，说明她很大气，说明她安全感足够，说明她在同伴认同的发展上，已经跨越同性，开始寻找异性同伴认同了，所以才和男生建立了这么好的关系。

家长总认为女生应该和女生建立友谊，男生应该和男生建立友谊，这样才是安全的。对于女生和男生、男生和女生建立友谊，家长总会有很多的担心，担心孩子早恋影响学习，担心孩子过早发生性行为，对彼此造成伤害等。所以，如果家长内心有足够的安全感，就不会担心孩子所交的朋友以及孩子交朋友的方式了。

Q：我儿子9岁，上小学三年级，有时候会打我。我告诉他打人不对，不可以打妈妈，他却问为什么老师都可以打他呢。因为老师有时候会打手心惩罚他。请问此时父母该怎样回答孩子？

A：孩子问出这个问题的核心心理逻辑是，老师打人是合理的，老师打人是应该的，老师打人是不需要接受惩罚的，所以，我也是可以打妈妈的。那接下来，我就要问妈妈，当孩子告诉你，老师打他或者打其他同学时，你所持的态度是什么呢？孩子被老师打了，你有没有站在孩子的角度，去跟老师做一些沟通呢？你站在老师一边，认为老师是可以打孩子的，也就是说，孩子是可以无条件被老师打的，那无疑是错的。妈妈这样做，就相当于妈妈站在了老师一边，充当了老师的力量来管孩子、教育孩子，那么，这个孩子就会把从老师那里接收到的被打的愤怒和恨意转向妈妈，继而打妈妈。他的理由就是老师打人是合理的、应该的、可以的，那我打你也是可以的。或者，我打别人也是可以的。作为一个学生，在学校，他不敢打老师，但是在家里，他敢打妈妈。所以，我想问的是，妈妈是不是常常把自己的角色和功能弄丢了，而跟老师捆绑在一起了。这样，久而久之，孩子心里被老师打的这个情绪就不会消除，孩子跟妈妈的关系也不会好起来。孩子时刻把妈妈当成了老师，或者妈妈在孩子面前时刻把自己当成老师来管孩子，这都是不恰当的。良好的亲子关系需要建立在安全、信任、有亲、有爱的基础之上。基于良好的亲子关系所发生的学习管理、作业管理、教育管理，才不会出现偏差。

Q： 孩子不尊重父母是什么原因呢？

A： 孩子不尊重父母有几个原因：第一，父母不尊重孩子。无论是爸爸还是妈妈，对孩子都不尊重。第二，父母彼此不尊重，因而孩子没能学会如何尊重别人。换句话说，父母没有在孩子面前给孩子做出尊重他人的榜样。这里当然也包括父母有没有尊重爷爷奶奶、外公外婆。如果父母不尊重长辈，或者不尊重同辈的兄弟姐妹，孩子耳濡目染，也就无法学会尊重别人，长大了以后，特别是在进入青春期以后，对父母也会越来越不客气。第三，孩子不在父母身边长大，而是跟着爷爷奶奶或者外公外婆长大的,进入青春期以后,再回到父母身边,自然就不会听父母的话,对父母的要求当然也就置若罔闻了。他也不会尊重父母的教育和管理。因为他认为父母不爱他,他内心会想:"如果你爱我,为什么把我留给爷爷奶奶、外公外婆呢?"

Q: 我有一个儿子,他15岁了。中考前几天,在接他晚修放学回家的路上,他突然跟我说,中考以后,想自己搬到另外一个房子里住。另外一个房子距离我们目前住的房子大约10分钟车程,常年无人居住。即便如此,儿子还是很肯定地说,他暑假要住到那边去,一个人住,但是会回家吃饭。儿子平时跟父母的相处还算融洽,偶尔也有叛逆行为,但不是很严重。父母之间的关系虽然说不上非常和谐,但是我们都尽力在营造一个安全、和谐的家庭氛围。请问老师,孩子说出这番话,是说明他已经完成独立自主这个阶段了吗?这是属于他的一种冒险,还是对自己以及对父母的一种挑战?作为父母,该如何应对?

A: 这恰恰表明孩子想要独立的空间。孩子进入青春期以后,自然想拥有独立的空间。第一种可能是,他在家里被父母管得多,没有自由,他希望有独立的空间来让他获得更多的自由和更多的自主权。第二种可能是,他觉得这个家庭不是他想要的那种和谐、温暖的家庭。也许家庭的隐情会让这个孩子偶尔有些焦虑。这个部分跟冒险与挑战没关系，而是跟家庭氛围、父母关系、父母对孩子的信任有关。如果父母给孩子更多的自由，他可以在家里发展他的独立自主，就不会有单独住的想法。第三种可能是，父母需要确认，当他有这样的想法时，是不是只是说一说而已，是不是昨天说了今天就忘了，是不是说了一次后来就不再提了。如果一个孩子执意要住到另外一个房子里的话，就说明他要建立独立的空间，减少父母对他的管控。因此，父母需要加强对孩子的理解和信任。

Q：11岁半的女孩，早晨起床没刷牙就吃早餐，然后撒谎说已经刷牙了。对孩子的撒谎，家长应该怎么做？

A：我只想问一句，刷牙重要，还是吃饭重要？你在意的是孩子的这个习惯、这个行为，还是孩子这个人？更何况孩子才11岁。很多家长往往把行为放在最前面，盯着这个行为，而忽略了孩子的个体感受。特别是对青春期的孩子来说，家长首先要把孩子本身置于行为和习惯之前重视起来，彼此的关系才会好起来。

Q：夫妻关系中女性被轻视，妻子会与丈夫竞争家里的权威地位吗？

A：她可能不会跟丈夫竞争家里的权威地位，但是会让自己成为孩子的权威者。因为她在与丈夫的竞争中已经成为输家了。那么，当她想从输家变为赢家的时候，就只有拉拢孩子，把孩子拉到她这一边，让孩子听她的而疏远丈夫，才能获得心理上的平衡。但是，这种方式是不健康的。

Q：我儿子现在大三了，他说有的同学因为父母有钱有权，工作都给安排好了。我感觉他对未来找工作有点焦虑。面对这个问题，我们怎么样才能帮到他呢？

A：孩子特别需要权威认同。当他看到社会上那些有权、有钱的人，可以给孩子安排工作时，他就会觉得原来可以不劳而获，他就会受到影响。这说明孩子的价值感出问题了，需要权威者帮助培养孩子的价值感，让孩子树立起正确的人生观和世界观。而培养孩子的价值感，往往就要从权威认同开始。第一要看父母的价值观是什么，父母对于有钱、有权的观点是什么。如果父母也常常流露出对有钱、有权的羡慕，孩子就会趋同于父母的想法。如果父母认为无论是否有钱、有权，都要靠自己的踏实努力创造未来，就会在孩子的成长过程把这个意识传递给孩子，孩子就会树立正确的价值取向。有这类想法的人在青春期的孩子中不算少数。如果学校、老师、父母能加以引领，就会减少不良的社会现象对他们的影响。

Q：如果妈妈和女儿竞争，该怎样评估妈妈的心理成熟度呢？又怎样评估孩子是否属于良性竞争？

A：成熟的良性竞争在关系里的表现就是合作。如果妈妈和女儿竞争，我要问的是，你是在跟女儿竞争爸爸吗？如果是，那么，妈妈在心理发展上也还是女孩，还没长大，还没有成为满足孩子需要的妈妈。当你成为妈妈的时候，你就不会再和女儿竞争爸爸了。女儿需要爸爸是自然的需求，爸爸要发挥他的功能满足女儿心理营养的需要。这是健康的需求。

Q：如果父母在自己的青春期五大主题没有发展好，是不是其成年以后也会在某些主题上出现问题？

A：当然。父母如果在青春期没有完成"独立与自主"的发展主题，之后也不可能成为能够满足孩子需要的好父母。特别是一些没有完成独立自主的妈妈，她们会与孩子纠缠或者共生。有些爸爸就会时刻控制孩子，生怕孩子不听他的话。如果父母在青春期里存在"竞争议题"，就不会教育孩子如何合作，孩子在人际关系和职业发展上常常会出问题。如果家长"冒险与挑战"的主题没有发展好，就会把胆小、担心带入孩子的成长中，从而对孩子产生更多的替代、包办，不让孩子做这做那，更不让孩子触及有一定危险系数的娱乐项目，比如，去玩蹦极、玩过山车、玩跳伞等。

Q： 孩子在面临一些大的考试时会说，希望别的同学或者竞争对手考得不好，这样自己的排名就能靠前。这是嫉妒行为还是恶性竞争的表现？是情绪焦虑还是害怕考不好的表现？该如何引导孩子？

A： 这是孩子追求成功、成就的典型表现。每一个孩子都在追求成功、成就，就体育比赛来说，他只想自己跑在最前面，不能接受其他人跟他齐头并进。金奖只有一名，冠军只有一个，没有并列冠军之说。这是体育比赛的规则。每一个孩子都希望自己是得金牌的那个人，他想争夺第一，这样的心理很正常，就是希望别人不要跑到自己前面。

家长需要做的就是，在孩子每一个需要认同的发展阶段，给予孩子足够的欣赏和认可。无论孩子是否足够优秀，孩子想成功的心理都是正常的，因为孩子的天性是向上的。我们要衡量这个孩子是不是真的希望别人不好，希望别人出错，或者希望别人遭到灾难，然后他获胜。如果是这样，他就存在恶性竞争心理，就是在嫉妒他人。所以，这里既涉及"成功与挫败"的主题，又涉及"竞争与合作"的主题，而合起来都指向父母对孩子的认同是不是足够的。如果足够的话，孩子就会健康发展。如果不够，这就既可能是恶性竞争，也可能是希望自己成功而别人失败。所以，只有从多个维度、多个角度来看待这个问题，我们才能对孩子的行为作出准确的评估。

Q：我感觉女儿在和我争夺权威，甚至有看不起父母之意，怎么办？

A：孩子跟父母竞争常常发生在独生子女的家庭，不是和妈妈竞争爸爸，就是和爸爸竞争妈妈，这是普遍的现象。关于这个部分，我们要看到父母给孩子的爱是不是充分的。如果父母双方给孩子的爱都是充分的，孩子就不会如此强烈地竞争父母的一方。同时，我们也要看父母关系。如果父母关系没那么亲密，或者出现一些疏离、一些冲突的时候，特别是在爸爸长期不在家的情况下，这种竞争是会更加激烈的。孩子看不起父母，是孩子在青春期常常发生的现象。这是因为，孩子会认为，自己过去是小孩的时候，常常听父母的。现在，随着知识的增多，认知的提高，自己懂的比父母懂得多很多。无论是书本上的知识，还是与时代同步的知识，尤其是一些新知识、新技能、新挑战、新考验，父母基本是跟不上自己的。所以，在父母管自己的时候，孩子就常常会有一些看不起父母的表情、语言和行为。这就给了父母两个提示：一是你们的孩子真的长大了，所以他希望能被父母尊重，他更加希望能被父母欣赏和认可；二是父母一定要跟孩子同步成长、同步学习、同步发展，才能跟上孩子的节奏。否则，用孩子的话说就是：你们真的落后了，你们是真的过时了，所以，你们有什么权利管我，你们还是歇着吧。

如果没有自我成长的父母听到孩子这样说，就会认为孩子不孝顺、孩子没有礼貌、孩子在对抗父母等,这是父母在给孩子贴标签。父母要核查哪些是需要跟孩子同步的,哪些是需要跟孩子匹配的,然后加强认知性和社会化的可持续发展,这样孩子就会越来越尊重父母了。

Q:孩子在12岁以前被管得严,我们对他的控制和要求多,在情绪不好的时候,也打骂孩子。现在孩子15岁了,脾气急躁,对妈妈有抵触情绪,怎么办?孩子不敢靠近老师,不敢问老师问题,这又是为什么?

A:孩子小的时候能力弱,父母打他骂他,他就忍了。但是,当孩子进入青春期时,父母再打他骂他,出于尊严和面子,他就会把积压的情绪表现在对抗上。家长需要评估的是,自己对孩子是不是太严厉了,从而让孩子内心形成了惧怕权威的创伤。

孩子害怕和陌生人交谈,不敢问老师问题,不敢靠近老师,这跟权威认同有关。所以,要看看你们家的权威者是谁,是妈妈,还是爸爸。如果孩子心中的权威者是妈妈,而妈妈过去又经常打骂孩子,孩子就会有恐惧心理,继而在与老师的交往中就表现出不敢靠近、不敢提问的问题了。

所以,妈妈要学会向孩子道歉,要用同理心心疼孩子,要不断对孩子表达欣赏和认可。这样,一段时间以后,孩子就会找回自信和内在力量,然后这些行为就会得到改善。

Q：孩子喜欢听音乐，只要在家，就不停地放着音乐，这是为什么？

A：孩子听音乐有两个可能的原因，第一是他非常喜欢音乐；第二，如果他把音量开得很大，最大的可能就是烦妈妈唠叨和妈妈对他的控制，所以，他就用音乐来取代、对抗妈妈的唠叨、指责和监控。所以，妈妈要有这种觉察。

Q：儿子喜欢上二次元动漫中的一个女孩，买了同样的背包，还要买一个一米长的抱枕放在床上。孩子说，那个抱枕是他老婆。当我提醒他不能这样想的时候，他就说我落后了，他们同学常这样称呼。我看他手机里的动漫女孩都穿着短裙、露出内裤，感觉很不健康，该怎么帮孩子？

A：这个妈妈太需要学习了。孩子进入青春期，喜欢动漫女孩，这说明孩子在青春期的性心理发育是正常的。他用对这些动漫形象的喜爱，表示要脱离妈妈，这说明他开始实现与妈妈的心理分离了。对这些带有动漫女孩的物品用"老婆"这样的称呼，是孩子正常性心理发育的投射，而且是处于过渡期，这恰恰是一个健康孩子与妈妈的心理分离过程。妈妈不必过于警惕和敏感。

Q：如何帮助孩子获得成就感呢？让孩子有成功者的体验，只要父母和权威者对孩子表达欣赏、赞美、肯定、认同就够了吗？物质奖励会不会破坏孩子的内在动力？经常获得认同的孩子会不会抗挫折能力比较差呢？

A：这些都是父母的假设。看来这位爸爸没有这部分的实践经验。一夸孩子，孩子就"翘尾巴"，这是错误的夸奖方式所导致的。夸孩子、翘尾巴，是说明夸得不实。要么是孩子做了五，你才认可了三，要么是孩子做了二，你却说成了五，这种虚低或者虚高都会让孩子感觉不实，会对孩子内在产生波动性的影响。

Q：孩子与老师关系不好，老师对孩子的欣赏、肯定不够，父母应该怎么办？

A：老师做不到的话，首先要看父母能不能做到。父母不要期待所有的老师都可以做到对孩子的欣赏和肯定。每一位老师也是一个普通的人，也有他的成长背景、成长经历、成长议题。当然，我们希望老师能够满足家长的期待，欣赏、肯定孩子，但如果老师做不到，家长就要换其他能够做到的人帮助孩子了。

Q：我家孩子10岁，小的时候不是以父母抚养为主的。5~7岁的时候，父母不在他的身边，照顾他的人缺少耐心，经常打骂他。现在孩子性子急躁易怒，喜欢玩一款和平的、以建设为主的游戏。上周在游戏中，他遇到一位不停跟他推销的商人，由于很烦对方的纠缠，他在游戏中不停殴打对方，最后杀死了这位商人。我感到担心，孩子是不是有异常行为？是什么原因让他在游戏中如此残暴呢？父母需要怎样引导他呢？

A：孩子在游戏中有攻击性，或者把对方杀死了，可能是因为内心积累的情绪太多了，而这些情绪往往就是父母或者代养人带给他的。游戏中的行为是孩子释放情绪的方式。如果家长看到孩子释放情绪后，心情平静了，就不用再管了。如果孩子还有情绪的话，父母需要帮他释放情绪，或者请专业的咨询师来帮助他，进行心理辅导。

Q：孩子22岁了，患有双相情感障碍，在家什么也不做，吃饭也让父母给他盛。我希望孩子能够学会照顾自己。我也担心这样下去将来他很难独立生活，该怎么办呢？

A：孩子出现这样的问题，最大的可能性是过去父母对孩子的事包办、替代、捆绑得太多了。以爱孩子的名义做事，孩子收到的不是真正的爱，而是控制，所以，才会出现双相情感障碍这样的症状。父母包办得太多，等于把孩子一点儿一点儿养成四肢无力甚至无用的孩子。孩子现在22岁了，内在会有两种冲突的情绪，一种是愤怒，指向的是包办、替代、唠叨的"妈妈"，因此他时刻想挣脱；另一种是抑郁，指向的是自己的无力或者无奈。所以，父母需要核查在孩子的成长过程中,是不是"妈妈"太多了。这个"妈妈"是带引号的,也许是妈妈,也许是奶奶,也许是外婆,也许是爸爸,也许是其他人。如果在孩子的成长过程当中,养育者一直替代、包办,同时又指责、抱怨的话,孩子长大了以后,他在独立自主的发展上就会出现问题。他既想独立自主,又想依赖,会在两者中游移,然后出现双相情感障碍的症状。

所以,父母只要学会解除控制,相信孩子经过一段时间的调整,就会好起来的。

后　记

　　终于写完了。收起笔，回首写作的过程，我不禁热泪盈眶。这是我在2020年疫情期间完成的第二本书。第一本是《父母是最好的治疗师》，是以如何面对自闭症孩子为切入点，围绕帮助自闭症孩子的父母处理自闭症孩子相关问题而写的。该书出版后，收到了很多父母的反馈，他们除了表达读后体会、感激之情外，也问我能否写一本关于孩子青春期成长的书。如此，应多位家长的需求和支持，这本书就诞生了。

　　因为疫情，我有了大量的居家时间，我也就能够把自己多年积累的关于心理咨询的理论和实践经验，以及对萨提亚家庭治疗模式的学习心得和应用体会，以文字的形式记录下来，献给每一个有需要的家庭。这里特别感谢那么多的家庭、父母、青少年，是他们带着自己的问题和故事，带着自己对生命的渴求以及对美好生活的向往，带着自己对心理学的认可和对我的极大信任，走进了我的线上和线下课堂，让我能与他们一起感受人性的美好，一起聆听他们内心汩汩流淌的爱之水，这些都是推动我在专业和个人成长上更加精进的原动力。

因此，我计划从2021年起，开通"王剑飞心理咨询"服务平台，以公众号和小程序的形式，专注于探讨和解决在自闭症家庭心理关爱、青少年心理成长以及与此相关的家庭治疗方面的议题，用我的努力帮助每一个有需要的孩子健康成长，也帮助每一个有需要的家庭获得快乐和幸福。

人生很短，旅途很长。我愿用我的热情，与你携手共进、温暖前行。

我会在你迷茫之时等着你，帮助你。

王剑飞

2021年8月10日